Klasse 5 ist große Klasse

Sissi Flegel, geboren in Schwäbisch Hall, studierte Deutsch, Englisch und Geschichte und wurde später Lehrerin. Seit 1982 schreibt sie erfolgreich für Kinder und Jugendliche. Sissi Flegel verreist gerne und lebt in der Nähe von Stuttgart.

Sissi Flegel

Klasse 5 ist große Klasse

Wir sind die Klasse 5
Klasse 5 und die Liebe

Mit Illustrationen
von Eva Czerwenka und Cornelia Kurtz

CARLSEN

FSC
Mix
Produktgruppe aus vorbildlich
bewirtschafteten Wäldern und
anderen kontrollierten Herkünften

Zert.-Nr. SGS-COC-1940
www.fsc.org

Veröffentlicht im Carlsen Verlag
September 2009
Mit freundlicher Genehmigung des Thienemann Verlages

Umschlagbild: Gerhard Schröder
Umschlaggestaltung: formlabor
Corporate Design Taschenbuch: Dörte Dosse
Gesetzt aus der Sabon von Dörlemann Satz, Lemförde
Druck und Bindung: GGP Media GmbH, Pößneck
ISBN 978-3-551-35542-3
Printed in Germany

Wir sind die Klasse 5

Schule willkommen

Sie standen unter dem überdachten Platz vor dem Eingang zur Schule. Es regnete in Strömen. Marie, Fatma und Claudia teilten einen Schokoriegel und schauten in die Runde.
»Kennt ihr die mit den Nike-Schuhen? Die Schuhe und dann noch rote Kämme im Haar!«, sagte Marie. »Die kommt bestimmt aus einer Dorfschule. Rote Kämme, so was Albernes …«
»Und der Schulrucksack! Echt ätzend«, fügte Fatma hinzu. »Aber wer ist der Junge mit den ausgefransten Jeans? Was steht denn auf seinem Shirt! *Schule willkommen*! Hat der 'ne Meise?«
»Da könnte er genauso gut *Ich hasse Ferien* aufdrucken lassen.« Marie schüttelte den Kopf. »Den schau ich mir genauer an.«

Aber in diesem Augenblick kam der Rektor und mit ihm ein Lehrer und eine Lehrerin. Sie warteten, bis es einigermaßen ruhig war.
»Ich freue mich«, sagte der Rektor, »euch als unsere neuen Fünfer in unserer Schule begrüßen zu können.«
»Wart's ab, wie lang du dich über uns freust«, sagte Marie halblaut.
»Schhhh«, machte Fatma und boxte sie in die Rippen.
»Stimmt doch«, entgegnete Marie. »Bis jetzt hat sich noch kein Lehrer lange über uns gefreut.«
Der Rektor schaute zu ihnen rüber. »Ich begrüße euch also und lese nun vor, wer zu Frau Holzapfel und wer in die Klasse von Herrn Jonathan gehen wird.«
Frau Holzapfel trug weite Jeans und einen selbst gestrickten rosa Pulli mit aufgestickten hellblauen Blumen. Sie war ein bisschen füllig, aber ihre halblangen Haare waren ziemlich dünn.

An Herrn Jonathan war alles dick, besonders aber der Bauch, die Backen und die Nase.
Marie, Fatma und Claudia und der *Schule-willkommen*-Junge kamen mit einundzwanzig anderen zu Herrn Jonathan.
»Stellt euch vor, die Kugel müssen wir zwei Jahre lang ansehen«, sagte Marie entsetzt. »Und wenn das nächste Jahr ein Schaltjahr ist, kommt noch ein Tag dazu. Das halten meine Augen nicht aus.«
Das hörte der *Schule-willkommen*-Junge.
»Mein kleiner Bruder hat eine Lehrerin, die ist echt scharf«, sagte er zu Marie. »Die erzählt Witze und gibt keine Hausaufgaben. Und ich –«
»Und wir!«, verbesserte ihn Marie.
»Und wir kriegen einen solchen Jonathan. Wo ist da die Gerechtigkeit?«
»Nirgends«, sagte Marie düster.
Im Schulhaus gingen sie zwei Treppen hoch, einen langen Gang entlang und schließlich noch um eine Ecke. Dann waren sie da. Die

Tür zu ihrem Klassenzimmer stand sperrangelweit auf.
Marie ging zielstrebig auf die erste Bank zu, diejenige, die links vom Pult stand, knallte ihren Rucksack auf den Tisch und rief: »He, Fatma, hier sind wir!«
Ein zweiter Rucksack landete auf dem Tisch.
»Hier bin ich schon«, sagte der *Schule-willkommen*-Junge.
Marie funkelte ihn an. »Ich war zuerst hier!«
»Stimmt. Und ich bin Zweiter.« Der Junge setzte sich.
»Das ist Fatmas Platz!«, schrie Marie ihn an.
»Sie kann hier sitzen«, sagte der Junge und deutete auf den Stuhl neben ihm.
»Da sitz ich doch schon!« Marie packte seinen Rucksack und schleuderte ihn zu Boden. »Verschwinde!«
Sie ließ sich auf den zweiten Stuhl fallen. Ungerührt stellte Fatma einen dritten Stuhl an den Tisch und nahm Platz.
»Wer vermisst seine Schultasche?«, fragte

Herr Jonathan, der eben erst das Klassenzimmer betreten hatte.
»Schultasche!«, wiederholte Marie verächtlich und machte sich so breit, wie sie nur konnte.
Niemand rührte sich.
»Hier liegt eine Schultasche«, wiederholte Herr Jonathan. »Wer ist der Besitzer?«
Im Klassenzimmer war es sehr still geworden.
Herr Jonathan blickte in die Runde.
»Bitte, Leute, wem gehört die Tasche?«
Stille. Auch der *Schule-willkommen*-Junge gab keinen Ton von sich.
»Das gibt es nicht, sie muss doch jemandem gehören«, meinte Herr Jonathan und hob den Rucksack auf.
Stille.
Herr Jonathan öffnete den Rucksack, zog eine quietschgrüne Vesperdose heraus und las vor: »Jonas Hoch. – Leute, wer von euch ist Jonas Hoch?«
Kein Finger rührte sich.

Auf Herrn Jonathans Stirn glänzten Schweißtropfen. Er legte die Vesperdose auf seinen Tisch, griff erneut in den Rucksack und zog ein lila Mäppchen heraus. Auf dem stand kein Name, aber auf dem Ordner fand er einen.
»Zippi Hoch«, las er vor.
Alle grinsten, die Mädchen fingen an zu kichern.
»Zippi Hoch?« Herr Jonathan runzelte die Stirn. Endlich fiel ihm etwas ein. Er griff in seine Hosentasche.
»Irgendwo muss ich doch die Klassenliste haben«, meinte er, faltete umständlich das Blatt auseinander und legte es auf den Tisch. Dann setzte er sich und fuhr mit seinem dicken Zeigefinger die Namensliste entlang. »… Fischer, Gerhart, Gminder, Hauser, Hoch … Hoch, Rastus.« Er schaute auf. »Wer von euch ist Rastus Hoch?«
Der *Schule-willkommen*-Junge meldete sich.
»Du bist Rastus Hoch? Ja, und die Schultasche? Gehört die denn nicht dir?«, fragte Herr Jonathan.

»Ich seh keine Schultasche«, sagte Rastus höflich.

»Was ist das?«, fragte Herr Jonathan, wischte sich mit dem Zeigefinger die Schweißtropfen von der Stirn und deutete auf den Rucksack.

»Das ist ein Schulrucksack«, rief Marie. »Das ist doch keine Tasche!«

»Eben«, bestätigte Rastus.

»Leute ...«, sagte Herr Jonathan. »Leute, Leute, macht mir das Leben nicht so schwer. Also, wenn das ein Schulrucksack ist, wem gehört er dann?«

»Mir«, sagte Rastus.

Alle lachten.

»Warum hast du das nicht gleich gesagt?«, wollte Herr Jonathan wissen. »Und warum holst du ihn nicht?«

»Ich kann nicht sagen, die Tasche gehört mir, wenn es ein Rucksack ist«, erklärte Rastus, der *Schule-willkommen*-Junge. »Und meinen Rucksack hole ich nicht! Sie muss ihn holen, sie hat ihn auf den Boden geschleudert«, sagte er entschieden und zeigte auf Marie.

»Er hat sich einfach zu uns gesetzt«, erklärte Marie. »Aber drei an einem Tisch, das geht doch nicht, oder? Zwei Mädchen und ein Junge, ehrlich, Herr Jonathan, also wirklich!«

»Das geht natürlich nicht«, bestätigte Herr Jonathan und wandte sich wieder an Rastus: »Nimm deine T…, deinen Rucksack und setz dich in die vierte Reihe, da ist noch ein ganzer Tisch frei.«

»Ich war aber …«, widersprach Rastus.

»Nun mach schon, sonst werd ich ungemütlich«, meinte Herr Jonathan und man konnte an seinen kleinen hellblauen Augen sehen, dass er tatsächlich ungemütlich werden konnte. »Ich werde jetzt die Bücher austeilen. Wo ist die Namensliste? Ach, hier …«

»Eins zu null für dich«, sagte Rastus laut, holte seinen Rucksack und setzte sich in die vierte Reihe.

Das Geheimnis der ersten Reihe

In der ersten Pause kam Steffi an Maries Tisch.
»Warum willst du unbedingt in der ersten Reihe sitzen?«, fragte sie neugierig. »Da hockst du doch direkt vor diesem Ekelpaket.«
Marie schaute sie verächtlich an. »Weißt du's wirklich nicht? Das ist doch der beste Platz! Jeder Lehrer schaut nach vorn in die Klasse hinein, aber direkt nach links blickt er fast nie, das ist zu mühsam. Deshalb ist es hier am sichersten.«
Steffi stellte sich vor den Lehrertisch und tat, als wäre sie Herr Jonathan. »Könnt schon sein, dass du Recht hast ...«, meinte sie.
»Es ist so«, bestätigte Marie und zeigte mit dem Daumen nach hinten. »Der da weiß das auch, sonst hätt' er sich um den Platz nicht so bemüht.«

Steffi kicherte. »Der Rastus muss viele Geschwister haben«, sagte sie. »Einen Jonas, eine Zippi … He, Rastus«, rief sie, »wie viele Geschwister hast du denn?«

»Was geht's dich an?«

»Nun sag schon«, beharrte Steffi.

»Wir sind zu fünft«, antwortete Rastus widerstrebend.

»Bist du der Älteste?«

»In der Mitte bin ich«, sagte Rastus, öffnete die grüne Vesperdose, schaute angewidert auf das dunkle Körnerbrot und das große hellrote Karottenstück und brummte was von ekligem Hasenfutter.

»Hast du auch so eine Ökomutter?«, fragte Steffi mitfühlend. »Ich geb mein Taschengeld für Mohrenköpfe aus, bei uns daheim gibt's nämlich keinen Zucker, nur Honig. Am liebsten ess ich bei meinen Großeltern.«

»Die sind noch schlimmere Müslis als mein Vater«, sagte Rastus.

»Dein Vater?«, wiederholte Marie. »Fünf Kinder seid ihr und es gibt keine Mutter?«

»Quatsch«, sagte Rastus. »Meine Mutter geht arbeiten, mein Vater kocht.«

»Toll«, sagte Steffi anerkennend. »Mein Vater ist total altmodisch, der kann nicht mal ein Spiegelei in die Pfanne hauen.«

»Kannst du's?«, fragte Rastus zurück.

»Nee«, gab Steffi zu. »Hab ich nicht nötig, meine Mutter ist ja immer zu Hause.«

Es klingelte.

»Leute, setzt euch«, sagte Herr Jonathan. »Nachdem ihr die Bücher bekommen habt, wollen wir uns vorstellen. Da ihr aus verschiedenen Grundschulen kommt, werden sich die wenigsten untereinander kennen. Also – wer macht den Anfang?«

Keine Hand rührte sich.

»So hab ich's mir vorgestellt«, stellte Herr Jonathan fest, »ganz genau so. Na, da werd ich mal einen aufrufen. Rastus, du machst den Anfang! Von dir wissen wir immerhin schon, dass du eine giftgrüne Vesperdose mit der Aufschrift Jonas, ein Mäppchen ohne Aufschrift, einen Ordner mit der Aufschrift Zippi

und einen Schulrucksack besitzt. Erzähl uns mehr von dir.«
»Nein, mach ich nicht«, erklärte Rastus.
Herr Jonathan schaute ihn erstaunt an. »Was soll das heißen?«
»Das heißt, ich sag nichts.«
Die Antwort gefiel Herrn Jonathan überhaupt nicht. Schnaubend und mit rotem Kopf sah er Rastus an. Rastus blickte Herrn Jonathan fest in die Augen. Gebannt wartete die Klasse, wer zuerst wegschauen würde, der Lehrer oder der Schüler. Da klopfte jemand kräftig an die Tür, riss sie auch schon auf und kam herein.
»Ich bitte die Störung zu entschuldigen, Herr Kollege«, sagte der Rektor. »Aber uns ist ein bedauerlicher Fehler unterlaufen. Befindet sich hier in der Klasse ein Schüler mit dem Namen Rastus, Rastus Hoch?«
»Das ist Rastus«, sagte Herr Jonathan und zeigte auf den *Schule-willkommen*-Schüler.
»Rastus, dein Bruder kam versehentlich in die Parallelklasse. Aber die Kollegin hat sowieso

schon eine größere Klasse als Sie, Herr Jonathan, darum wird Rastus' Bruder Justus zu Ihnen kommen. Wir denken, es ist eine faire und sinnvolle Lösung, die allen Beteiligten gerecht wird, nicht wahr? Und da ist er schon, der Justus. Komm herein, alle warten nur auf dich.«

Da stand ein zweiter Rastus. Er war nicht ganz so klein wie sein Bruder, aber genauso dünn, blond und bebrillt und er trug die gleichen Jeans und das gleiche T-Shirt. Nur was draufstand, war was anderes.

Irrtum! stand da.

»Viel Spaß noch«, wünschte der Rektor und verschwand.

Herr Jonathan blickte ihm nach, schluckte heftig und legte dann Justus die Hand auf die Schulter.

»Hast du deinen Bruder schon gesehen? Ja? An seinem Tisch ist noch ein Platz frei.«

Justus schüttelte die Hand ab.

»So weit hinten kann ich nicht sitzen«, sagte er entschieden. »Wir sind Brillenträger, der

Rastus und ich. Wir brauchen den freien Blick zur Tafel.«

Jedermann konnte sehen, dass Herr Jonathans Geduld zu Ende war. Deshalb protestierte auch niemand, als er sagte: »Die da vorne rechts, die nehmen jetzt ihre Siebensachen, setzen sich in die vierte Reihe und gewähren den Zwillingen Justus und Rastus den freien Blick zur Tafel. Das hat den Vorteil, dass ich einen ebenso freien Blick auf Rastus und Justus habe, kapiert? Dann wollen wir mal ...«

Wieder klopfte es heftig, wieder wurde die Tür aufgerissen, wieder stand der Rektor da, nur sagte er jetzt: »Ach, Herr Jonathan, was ich Ihnen noch mitteilen wollte, ist Folgendes: Die Zwillinge Rastus und Justus sollten möglichst nicht nebeneinandersitzen. Das war's, was ich sagen wollte.«

»Aber warum ...«, erwiderte Herr Jonathan. Da er aber mit der geschlossenen Tür sprach, bekam er natürlich keine Antwort.

»Was ist los mit euch?«, fragte er barsch.

»Och, eigentlich nichts«, sagte Rastus. »Es ist nur …«

»Wir sind wie ein Zündholz und ein Benzinkanister«, sagte Justus beherzt. »Es ist gefährlich, wenn wir nebeneinandersitzen.«

Alle lachten, nur Herr Jonathan blieb todernst.

Aber da kam Leben in Marie. »Magst du dich neben mich setzen?«, rief sie Justus zu. »Herr Jonathan, wenn sich die Fatma neben den Rastus setzt, kann der Justus neben mir sitzen!«

Fatma öffnete den Mund.

»Keine Widerrede«, sagte Herr Jonathan rasch. »Das ist ein vernünftiger Vorschlag. Los, worauf wartet ihr noch?«

Zwillingsstreiche

Es stellte sich schnell heraus, dass die Zwillinge eine echte Bereicherung für die Klasse waren.
Sie liebten Sketche, die sie selbst erfanden. Jeden Morgen kamen sie und fragten, ob sie ihre neue Erfindung der Klasse vorführen dürften. Die Sketche hießen: *Mord und Totschlag im Park* oder *Der Sturz aus dem Hochhausfenster* oder *Überfall im Zugabteil* oder *Wem gehört der Po?*
Zu diesem Sketch ließen Rastus und Justus die Tafel herunter, sie stellten sich hinter die aufgeklappte Hälfte, zogen Schuhe, Strümpfe und Hosen aus und boten den Mitschülern ihre Rückseiten zum Raten an.
Aber da machte Herr Jonathan einen Punkt. Er verkündete, das sei nun wirklich kein Spaß

mehr, das sei vielmehr eine ganz ordinäre Idee. Wenn sie solche unwürdigen Späße gut fänden, könne er die Sketche nicht länger dulden. Also verbot er ihnen alle Sketche, ordinäre und unordinäre, und zwar ein für alle Mal. So!

In der Pause war sich die Klasse darüber einig, dass der Typ ein totaler Blödmann sei. Deshalb müsse man ihm die Sketche vorenthalten und sie sich in Zukunft eben auf dem Pausenhof ansehen.

»Da habt ihr auch mehr Publikum«, stellte Marie fest.

»Mann, dass wir nicht gleich draufgekommen sind!«, riefen Rastus und Justus begeistert.

Trotzdem blieb der Sketch *Wem gehört der Po?* ganz ohne Herrn Jonathans Zutun der letzte, denn am gleichen Nachmittag verunglückte Rastus beim Üben für einen neuen Sketch.

Das kam so:

Die letzte Szene von *Dornröschen* wollten sie spielen, den Teil nämlich, wo sich der Prinz – angetan mit reißfestem Kampfanzug, Fahrrad-

helm und Skibrille, mit gezückter Pistole in der einen Hand und einer Fleischmesser-Machete in der anderen – durch das wuchernde Dornengestrüpp kämpft.
Dornröschen hätte eigentlich im Bett liegen sollen, aber ein Bett fanden sie zu langweilig. Außerdem, wie hätten sie das Bett auf den Schulhof transportieren können?
Rastus musste das Dornröschen spielen, weil er ein paar Zentimeter kleiner war als sein Bruder. Es ärgerte ihn fürchterlich, dass Justus wieder mal auf seinen Zentimetervorteil pochte und kämpfen durfte wie ein richtiger Mann. Und er – er musste sich auf den Boden legen und 'ne halb tote Prinzessin spielen! Wo blieb da der Spaß für ihn?
Mit finsterem Gesicht legte er sich auf den Boden. Justus kniete nieder und beugte sich zum Kussgeben über ihn. Das fand Rastus aber so widerwärtig, dass er aufsprang und ihn anbrüllte, er lasse sich nicht ansabbern.
Justus hatte dafür Verständnis und sie einigten sich darauf, dass er ihm nur einen Luft-

kuss geben würde. Das Problem Bett oder Boden blieb jedoch, bis Rastus die Idee mit der Hängematte hatte.
Er riss das Laken aus seinem Bett, klemmte einen Zipfel oben in die Schranktür, den anderen knotete er an die Türklinke.
Beide bewunderten die Superhängematte und planten, sie am nächsten Tag zwischen zwei Bäumen auf dem Schulhof zu befestigen.
Genüsslich legte sich Rastus hinein und wollte gerade züchtig die Augen schließen und die Hände überm Bauch falten, als der Schrank zu wackeln und zu wanken begann. Noch ehe Rastus sich aus dem Tuch wickeln konnte, knallte der Schrank mit einem Wahnsinnsgetöse auf den Boden. Zum Glück stürzte das Unglücksmöbel nicht auf ihn drauf, aber als er mitsamt der Hängematte abstürzte, brach sein linkes Schlüsselbein.
Der Krach jagte seinen Vater ins Zimmer. Statt froh zu sein nicht einen vom Schrank zermatschten Zwilling vorzufinden, startete er ein solches Geschrei, dass er noch drei Tage

danach heiser war. Er verhängte eine Woche Hausarrest und schwor den beiden, sie bekämen so lange kein Taschengeld, bis ein neuer Schrank bezahlt sei. Erst dann, also nach dem Schwur, fuhr er Rastus zum Arzt.
Justus musste in der Zwischenzeit die Trümmer beseitigen. Er heulte vor sich hin, weil er Mitleid mit seinem Bruder, eine große Wut auf den Wackelschrank, eine noch größere auf den tobsüchtigen Vater und die allergrößte auf das Dornröschenbett hatte.
Als das Zimmer wieder ordentlich aussah – die Wäsche und die Kleider, die im Schrank gewesen waren, hatte er in zwei zartgrüne Plastikkörbe gestopft –, fühlte er sich schon wieder besser.
Besser, aber noch nicht gut genug.
Da fiel sein Blick auf das Buch *Mein gesammelter Märchenschatz*.
Mit einem Satz hatte er es gepackt, die Dornröschenseiten herausgerissen, zerknüllt, ins Klo geschmissen und die Spülung betätigt. Da erst fühlte er sich wieder richtig gut

und begann zu überlegen, wie man Dornröschen auch ohne Bett und Kuss wach kriegen könnte. Mit einem Schuss aus der Pistole vielleicht? Wenn man sie auf einen Stuhl setzen und sie dran festbinden würde, wäre da auch mehr Spannung. Und außerdem, erklärte er später seinem Bruder, gebe es da noch einen unschlagbaren Vorteil: »Weißt du, da stört dein gebrochenes Schlüsselbein überhaupt nicht.«

Aber davon wollte Rastus nichts wissen. Vom Dornröschen hatte er vorerst die Nase voll. Natürlich wollte die Klasse am nächsten Tag wissen, was passiert war.

Justus zierte sich. »Ich sag nix«, erklärte er, »der Rastus verhaut mich sonst.«

Da blieb Rastus gar nichts anderes übrig, als von dem Schrankzusammenbruch zu berichten. Er konnte auch nichts dagegen tun, dass Justus daraufhin seinen geänderten Dornröschenschluss erläuterte und alle einstimmig erklärten, der sei supercool. Was sei schon ein Kuss gegen einen Pistolenschuss!

Doch Rastus hatte genug und erklärte entschieden: »Ich spiel das Dornröschen nicht mehr. Marie, das kannst du tun.«

»Ich lass mich nicht auf einen Stuhl binden«, rief Marie. »Wenn ich das Dornröschen spielen soll, muss Justus mich küssen. Er muss mich ganz in echt küssen!«

Dazu hatte Justus nun wirklich keine Lust und damit war der Sketch gestorben.

Die Babykatze

Mit Herrn Jonathan kamen die Kinder nicht zurecht. Seine Geduld war begrenzt und Spaß verstand er überhaupt nicht.

Als Marie im Biologieunterricht eine Hummel malen sollte, malte sie eine wunderschöne Blumenwiese, und darin, fand sie, hätte eine schwarze Hummel nur die Farbenpracht kaputt gemacht.

Also setzte sie in eine Ecke einen schwarzen Punkt und erklärte: »Herr Jonathan, macht es was, wenn Sie die Hummel nicht deutlich erkennen können? Das da ist ein Stückchen von ihrem Kopf.«

Da rastete Herr Jonathan aus.

Er rastete auch aus, als er wenig später eine wichtige Frage stellte und Justus aufrief, weil der sich meldete – statt der erwarteten Antwort sagte Justus aber: »Herr Jonathan, hier riecht's nach Rauch. Rauchen Sie?«

Aber am schlimmsten rastete er aus, als Marie eines Tages das Geschenk für Fatma mitbrachte.

Das war so:

Eine Nachbarin hatte Marie erzählt, dass eine andere Nachbarin Babykatzen zu verschenken hätte. Also ging Marie zu der Nachbarin und schaute sich die Babykatzen an. Eine davon, eine gelb-grau getigerte, fand sie ganz besonders süß. Sie freute sich mächtig, als sie die süße gelb getigerte Babykatze geschenkt bekam.

Ihre Eltern allerdings freuten sich gar nicht darüber und erklärten ihr, dass sie die Katze sofort zurückbringen müsse. Wenn sie das nicht täte, würde der Vater die Katze in eine Kopfkissenhülle stopfen und ins Tierheim bringen. Oder zum Tierarzt, der sie einschläfern müsse.

Marie fand ihre Eltern herzlos und grausam und grässlich, und überhaupt, heulte sie laut, hätte sie sich andere Eltern ausgesucht, wenn sie gewusst hätte, dass die solche Tierhasser seien. Aber alles Heulen und Protestieren half nichts – ihre Eltern blieben hart. Das einzige Zugeständnis war, dass Marie die Katze über Nacht behalten durfte.

Früh am Morgen rief sie Rastus und Justus an und fragte, ob sie die süße Tigerkatze geschenkt haben wollten. Doch die hatten bereits zwei Katzen namens Heidi und Peter, einen betagten Dackel namens Öhi und einen Kanarienvogel namens Almdudler. Daher hatten sie keinen Bedarf für ein weiteres Haustier.

Das sah Marie ein und rief Fatma an.

Die hatte noch keine Katze. Aber sie hatte verständnisvolle Eltern, die versicherten, sie würden sich über eine süße kleine Katze freuen.

Da hasste Marie ihre Eltern noch viel mehr, aber für die Katze freute sie sich. Sie polsterte den Einkaufskorb ihrer Mutter mit den weichesten Handtüchern aus, die sie finden konnte, legte die Katze hinein und nahm sie mit in die Schule.

Zwei Stunden lang ging alles gut.
Dann wachte die Katze auf, miaute, wollte gestreichelt und gefüttert werden und ein bisschen herumspazieren. Alle sahen ein, dass eine so süße kleine Babykatze Betreuung und Bewegung brauchte, alle – nur Herr Jonathan nicht. Der schrie, die Schule sei kein Tierasyl und erst recht keine Tauschbörse für räudige Katzen, und überhaupt verbitte er sich, dass Marie ihm auf der Nase herumtanze.
Marie erklärte ihm ganz sanft, sie habe ja doch nur Fatma die Katze mitbringen wollen, damit sich beide so schnell wie möglich aneinander gewöhnen könnten. Seinen Geduldsfaden habe sie ganz bestimmt nicht zerschneiden wollen, sie –
Da fiel ihr Herr Jonathan ins Wort und schickte sie vor die Tür. »Und halt die Klinke gedrückt, damit ich sehe, dass du nicht fortgegangen bist!«
Darüber war Marie so wütend, dass sie den Hass auf ihre Eltern vergaß und ihnen beim

Mittagessen die ganze Geschichte in allen Einzelheiten schilderte.
Eigentlich hatte ihr Vater sie zur Rede stellen wollen, weil sie die Katze in die Schule mitgenommen hatte, und eigentlich hatte ihre Mutter kein Verständnis dafür, dass sie der Katze die besten Handtücher der Familie in den Korb gelegt hatte.
Aber über die Sache mit der Türklinke, die Marie hatte drücken sollen, regten sie sich so sehr auf, dass sie das alles vergaßen. Das sei ein total menschenunwürdiges Verhalten, meinte die Mutter. Dagegen müsse man Schritte unternehmen, und zwar ganz energische, sagte der Vater.
Das taten sie dann wohl auch, denn ein paar Tage später bekam Herr Jonathan immer ein ganz giftiges Gesicht, wenn er Marie nur ansah.
Doch Marie störte das nicht lange; Herr Jonathan wurde nämlich krank. Er sei sehr krank, hieß es zuerst. Dann hieß es, er sei operiert worden. Schließlich hörte man, er käme eine

lange, lange Zeit gar nicht mehr in die Schule.

In diesen Tagen mussten andere Lehrer den Unterricht in der Klasse fünf erteilen. Aber dann wurde es besser, dann kam, sozusagen als ständige Vertretung, Frau Süßer.

Frau Süßer

Frau Holzapfel trug meistens weite Jeans und bequeme, flache Sandalen.
Frau Süßer trug auch Jeans, aber die waren knalleng. Ihre Schuhe hatten sehr hohe, dünne Absätze und sahen absolut schick aus.
An dem Tag, an dem sie in die Klasse kam, hatte sie einen eng anliegenden weißen Flauschpulli an. Den musste Justus einfach streicheln, und als er das tat und ganz nah bei ihr stand, roch er ihr Parfüm.
»Hmmm«, machte er und schloss dabei die Augen.
Alle lachten ihn aus, aber auch sie fanden, dass Frau Süßer spitzenmäßig aussah. Sie hatte lange blonde Haare, schminkte sich, lachte viel und ließ sich nicht mal durch die Zwillinge aus der Ruhe bringen.

Nur einmal, als Justus einen Witz erzählte, wurde sie böse: »Frau Süßer«, hatte Justus gesagt, »wissen Sie, aus was die Bayern Marmelade machen?«

»Aus Heidelbeeren vielleicht? Oder aus Himbeeren? Was meint ihr?«

»Nee, nee«, meinte Justus, »sie quetschen Berliner aus!«

»Also weißt du, diesen Witz finde ich überhaupt nicht lustig«, empörte sich Frau Süßer. »Soll ich dich vielleicht ausquetschen?«

»Mich?«, fragte Justus zurück. »Ich bin doch gar kein Berliner!«

Frau Süßer rastete auch nicht gleich aus, wenn jemand zu spät kam. Am ersten kalten Morgen klopfte Fatma zehn Minuten nach Unterrichtsbeginn an die Tür, kam schüchtern herein und entschuldigte sich, indem sie auf ihren Mantel und den langen gestrickten Schal zeigte: »Frau Süßer, es ist so kalt, da haben mich meine Eltern total eingewickelt! Das hat ewig gedauert!«

Frau Süßer lachte und meinte: »Oje, das kenn

ich gut. Immer wenn meine Mutter gefroren hat, musste ich einen dicken Pulli anziehen!«
Religion unterrichtete sie nicht gerne. Als sie ihr vorschlugen das Lied vorzusingen, das sie zuletzt gelernt hatten und das *Kleines Senfkorn Hoffnung* hieß, verzog sie den Mund und meinte, zwischen Senf und Hoffnung sehe sie keinen Zusammenhang.
Am liebsten ließ sie die Religion ausfallen. Stattdessen unterrichtete sie dann Biologie. Das war ihr Fach, da wurde sie richtig lebendig. Mit ihrer Begeisterung steckte sie alle an, so dass die Klasse sogar die langweiligen Herbstblüher interessant fand.
Doch das Interesse für die Herbstblüher war nichts gegen die Begeisterung für das neue Thema. Es lautete nämlich: *Die Fortpflanzung des Menschen*. Als Rastus das hörte, schrie er sofort in die Klasse hinein: »Das ist Sex, Frau Süßer!«
»Darüber weiß ich alles«, meinte Toni großspurig. »Mein Bruder hat mich schon längst aufgeklärt.«

»So?«, fragte Frau Süßer zurück. »Wann war das denn?«

»Och, damals war ich fünf und mein Bruder war sieben. Aber er hat genau Bescheid gewusst, er hat gesagt –«

»Weißt du was?«, sagte Frau Süßer schnell, »das behältst du erst mal für dich. Ich finde nämlich, bevor wir über Sex reden, sollten wir uns überlegen, was Liebe ist, okay?«

»Wenn's sein muss«, meinte Justus. »Am liebsten wär's mir, wir kämen gleich zur Sache.«

Da stimmten ihm die meisten zu.

»Trotzdem«, entschied Frau Süßer. »Es muss sein.«

Sie mussten die Seite 156 im Biologiebuch aufschlagen. Da waren einige Abbildungen, die Liebe in den verschiedensten Formen zeigten: Da beugte sich eine junge Mutter lächelnd über ihr Baby, zwei Winzlinge saßen im Sandkasten und hielten sich liebevoll an den Händchen, ein Junge und ein Mädchen küssten sich hingebungsvoll unter einem blühenden Apfelbaum, ein Vater warf seinen kleinen Sohn in die Luft und die Mutter lachte herzlich dazu, und schließlich waren da Großeltern, denen saßen die Enkel auf dem Schoß.

»Das soll Liebe sein?«, fragte Marie. »Also unter Liebe verstehe ich das, was in der *Bravo* steht. Nicht so was Langweiliges ...«

Die Mädchen kicherten.

»Eben«, sagte Rastus mit Nachdruck. »Da muss die Post abgehen.«

»Das meine ich auch«, pflichtete ihm Justus bei und schaute streng in die Runde. »An diesem Thema ist nichts Lustiges, Leute, aber es ist ...« Er schnalzte genießerisch mit den Fingern. »Dazu gehört Lust und bei der Lust kribbelt es, dann bekommt man rote Backen und so ... Aber wenn man diese Bilder anschaut, tut sich nichts, stimmt's?«

Die ganze Klasse pflichtete ihm bei.

»Wir wollen wissen, wie die Babys gemacht werden und wie sie kommen«, sagte Marie bestimmt.

Frau Süßer blieb fest. »Liebe«, sagte sie, »das

ist ein Gefühl. Das muss nicht unbedingt etwas mit Sex zu tun haben. Schaut euch doch die Großeltern auf dem Bild an oder die Kleinen in dem Sandkasten.«

»Okay«, meinte Marie ungeduldig. »Das wissen wir nun. Zur Liebe gehört ein Gefühl. Und weiter?«

»Was ist, wenn man verliebt ist?«, rief Steffi. »Hat das was mit Sex zu tun?«

»Ja!«, antwortete Rastus. »Das müssen Sie uns sagen, Frau Süßer. Sind Sie eigentlich verliebt? Oder sind Sie verheiratet?«

»Ich bin nicht verheiratet«, antwortete Frau Süßer.

»Aber verliebt sind Sie doch wenigstens, oder?«, beharrte Rastus.

Frau Süßer wurde rot. Justus hätte gern noch gefragt, ob sie auch Sex machte, aber das verkniff er sich.

Die Lehrerin setzte sich auf ihren Stuhl, was sie sonst fast nie tat, und sagte nur: »Bleibt bei der Sache, Kinder.«

»Wir bleiben bei der Sache«, beruhigte sie

Marie. »Also, wie geht das mit dem Sex, wenn man nicht verheiratet ist?«

»Das hat doch nichts mit verheiratet zu tun«, klärte Claudia sie auf. »Die in der *Bravo* sind auch nicht verheiratet, stimmt's, Frau Süßer, und die tun's doch.«

»Aber eines möchte ich doch wirklich wissen«, sagte Justus nachdenklich. »Wie war das ganz früher bei den ersten Menschen? Woher wussten die, wie's geht? Ich meine, die hatten keine Aufklärung in der Schule oder sonst wo, keine Videos ...«

»– und keine *Bravo*«, ergänzte Claudia.

»Eben. Wie war das damals, Frau Süßer?«

Die schaute die Kinder nachdenklich an, packte ihre langen Haare, flocht sie zu einem Zopf und meinte kurz und bündig: »Das weiß man eben. So was nennt man Instinkt.«

Da wandte sich Marie Justus zu und fragte: »Weißt du's ganz genau?«

Justus riss entsetzt die Augen auf. »Nö! Weißt du's?« Marie schüttelte den Kopf. »Wie bekommt man den Instinkt, Frau Süßer?«

Frau Süßer schaute auf die Uhr und sagte: »Es wird gleich läuten. Ihr könnt schon mal eure Sachen zusammenpacken, Leute.«

»Ausgerechnet wenn's spannend ist, macht sie früher Schluss. Das ist unfair«, fand Marie.

Justus

Das Thema beschäftigte die Klasse noch eine ganze Weile. Frau Süßer bestand darauf, dass die entsprechenden Seiten im Biologiebuch gründlich durchgearbeitet wurden und nicht nur gelernt wurde, »wie das denn so funktioniert«.

Und ganz zum Schluss sprachen sie volle zwei Schulstunden lang darüber, dass Liebe auch viel mit Verantwortung und Rücksicht zu tun habe.

Wenige Tage später saß Rastus still und in sich gekehrt neben Fatma. Schließlich legte er seinen Kopf auf den Tisch und wollte nur noch in Ruhe gelassen werden. Immer wieder sah Justus zu seinem Bruder rüber und wollte mit ihm reden.

Es gelang ihm nicht. Rastus schien ihn gar

nicht zu hören. Erst als Justus seinen rechten Schuh auszog und ihn Rastus vor die Nase legte, wurde der böse.

»Lass mich in Ruhe«, fauchte er.

»Habt ihr Streit?«, erkundigte sich Marie.

Rastus und Justus schüttelten den Kopf.

»Was dann?«

Rastus schwieg und auch Justus hielt den Mund. Aber dann zappelte Justus so entsetzlich wie noch nie auf seinem Stuhl herum, dass es sogar Marie zu bunt wurde und sie sich bei Frau Süßer über ihn beschwerte. Der war das merkwürdige Verhalten der Zwillinge auch aufgefallen. Sie setzte sich vor Rastus auf die Tischkante und hob seinen Kopf.

»Tut dir was weh? Ist dir schlecht?«, wollte sie wissen.

»Mir ist nur komisch«, antwortete Rastus. »Und ich seh auch da nichts mehr.« Er zeigte auf sein rechtes Auge.

»Es ist rot«, stellte Frau Süßer fest. »Aber was, um alles in der Welt …«

Sie schaute genauer, schob das Lid etwas nach

oben, dann den unteren Lidrand nach unten, schaute noch etwas genauer, zog die Luft ein, ließ Rastus' Kopf behutsam los und sagte ganz, ganz ruhig: »Ich möchte Rastus nach Hause bringen. Sein Auge ist nicht in Ordnung, er darf jetzt nicht mit dem Rad fahren. Versteht ihr das? Ich möchte mich darauf verlassen können, dass ihr ruhig bleibt inzwischen. Wenn ich jetzt noch nach einem anderen Lehrer schaue, der auf euch aufpasst, geht zu viel Zeit verloren. Alles klar?«

»Alles klar. Nur keine Hektik, Sie können sich auf uns verlassen«, sagte Marie. »Stimmt's?«

Kaum waren Frau Süßer und Rastus verschwunden, wollte die Klasse wissen, was denn los sei.

»Hast du deinem Bruder das Auge kaputt geschlagen?«, fragte Theo.

Justus schüttelte den Kopf.

»Nein? Was fehlt ihm dann?«

Justus schwieg.

»Irgendwas ist doch los«, beharrte Theo. »Nun sag schon!«

Aber Justus sagte nichts.
Dafür legte nun er den Kopf auf die Bank und heulte los.
Es dauerte keine halbe Stunde, da war Frau Süßer schon wieder zurück.
Natürlich wollten alle wissen, was es mit Rastus' Auge auf sich hatte. Aber sie gab, was sie sonst nie tat, keine klaren Antworten. Sie schaute nur Justus ein paarmal an und sagte am Ende der Stunde leise zu ihm: »Hör zu, Justus, wenn du Hilfe brauchst, kannst du immer und jederzeit zu mir kommen oder mich anrufen.«
Justus legte kurz seinen Kopf an ihren Arm, obwohl sie heute den weichen weißen Flauschpulli gar nicht anhatte, und nickte wortlos. Dann schlich er aus dem Klassenzimmer.
Die anderen schauten ihm nach.
»Irgendwas ist da nicht in Ordnung«, stellte Marie fest. »Sagen Sie's uns, was los ist, Frau Süßer?«
»Nein«, erklärte sie kurz und entschieden.
»Dann ist's was Schlimmes«, meinte Fatma.

Die anderen nickten.

Theo setzte seinen Fahrradhelm auf. »Morgen ist auch noch ein Tag«, erklärte er. »Morgen sehen wir den Tatsachen ins Auge, nicht wahr, Leute?«

Rastus' Auge

Am nächsten Tag fehlte Rastus. Justus war so still und in sich gekehrt, dass allen auffiel, wie ruhig es in der Klasse war.

»Was ist denn los mit deinem Bruder?«, wollte Marie wissen. Aber gerade als Justus antworten wollte, wurden Frau Süßer und Justus aus dem Zimmer gerufen. Das war so ungewöhnlich, dass sich alle erstaunt ansahen. Irgendetwas stimmte hier nicht.

Die beiden blieben eine lange Zeit weg. Als sie zurückkamen, legte Frau Süßer Justus den Arm um die Schultern und meinte: »Es ist wohl am besten, du erzählst deinen Mitschülern, was vorgestern bei euch zu Hause passiert ist. Sonst denken die sich alles Mögliche aus und erfinden Dinge, die nicht stimmen. Einverstanden?«

Justus nickte. Er kämpfte mit den Tränen und brauchte ein paar Augenblicke, bis er reden konnte.

»Es war so: Wir haben vorgestern die Hausaufgaben gemacht, der Rastus und ich. Er ist zu mir rübergekommen und wollte wissen, wie die Matheaufgabe geht. Aber weil ich sie selbst nicht konnte, hab ich ihn weggeschickt. Er ist aber nicht gegangen, er ist neben mir stehen geblieben und hat in meiner Mappe herumgekruschtelt. Ich hab die Wut gekriegt und hab ihn angeschrien. Da ist er endlich gegangen – aber an der Tür hat er sich umgedreht und hat was Wüstes zu mir gesagt. Da ist meine Wut noch größer geworden. Ich hab den Schaschlikspieß genommen – der hat auf meinem Tisch rumgelegen, weil ich ihn zum Basteln gebraucht hab – und hab ihn nach Rastus geworfen. Und dann … na ja, dann hat er ›Aua!‹ geschrien, weil ihm der Spieß im Auge gesteckt hat. Wir haben ihn rausgezogen und Rastus hat gesagt, das Auge tut ihm gar nicht weh. Darum haben wir keinem was gesagt.«

Justus machte eine Pause und schluckte.
»Erst gestern hat er sich so komisch gefühlt und hat mit dem Auge nichts mehr gesehen. Da haben Sie ihn heimgebracht und mein Vater ist mit ihm zum Arzt gefahren. Und jetzt – jetzt liegt er im Krankenhaus und das Auge ist kaputt.«
Die Kinder schwiegen. Das war etwas Schlimmes, etwas ganz Schlimmes, darüber musste man erst mal nachdenken.
Sie dachten nach und wagten zuerst gar nicht den armen Justus anzusehen.
»Aber du hast es doch nicht absichtlich gemacht«, sagte Theo nach einer Weile.
Justus schüttelte den Kopf. »Es war nur Pech.«
»Ein Scheißpech war das«, bestätigte Theo.
Marie meldete sich. »Meine Mutter sagt immer, die meisten Sachen sind halb so schlimm, wie sie auf den ersten Blick aussehen. Wahrscheinlich ist's morgen gar nicht mehr so schlimm, wie es heute aussieht.«
Frau Süßer nickte.

»Jetzt hast du ein schlechtes Gewissen«, sagte Fatma. »Obwohl es nur Pech war, hast du ein schlechtes Gewissen. Und wenn ich an den Sexunterricht denke –«

»Wie bitte?«, unterbrach sie Frau Süßer verblüfft.

»Ist doch klar«, erklärte Fatma weiter. »Sie haben gesagt, Frau Süßer, zur Liebe gehört Verantwortung. Der Rastus ist sein Bruder. Den liebt er und für den hat er 'ne Verantwortung. Deshalb ist Justus jetzt total blöd dran ...«

»Eben«, pflichtete ihr Marie bei, »weil er seinen Bruder nämlich liebt und er die Verantwortung für ihn hat, und trotzdem hat er ihm den Spieß ins Auge geworfen.«

»So ist das gemeint«, sagte Frau Süßer. »Tut mir leid, ich hab den Zusammenhang nicht gleich erkannt. So gesehen habt ihr schon Recht. Wir wollen hoffen, dass das Auge noch zu retten ist. Rastus wird jedenfalls eine ganze Weile nicht mehr zur Schule kommen können.«

»Sollen wir ihn besuchen?«, fragte Marie. »Ich geh heute Mittag gleich zu ihm!«

»Im Augenblick darf außer seinen Eltern und Geschwistern niemand zu ihm«, antwortete Frau Süßer.

»Dann schreiben wir ihm«, entschied Marie.

Damit waren alle einverstanden.

Klassenbriefe

Am nächsten Morgen verteilte Frau Süßer in der Deutschstunde schöne Briefbögen: lauter Ökopapier mit Blumen oder Farnwedeln oder Schmetterlingen oder Regenbogen an den Rändern.
Die Mädchen ließen rote Herzchen von den Regenbögen baumeln, die Jungen zeichneten Pistolen oder schrieben *cool man* um die Schmetterlinge.
Erst nachdem alle das Papier tüchtig verziert hatten, begannen sie zu schreiben.
Die meisten Mädchen schrieben Sachen wie:

Lieber Rastus!

Wie geht es dir? Hoffentlich geht es dir gut. Ohne dich ist es in der Klasse so ruhig wie sonst nie. Das ist sehr langweilig. Es ist überhaupt nichts los. Komm bald wieder!

Theo, der älter war als die anderen, weil er eine Klasse zweimal hatte besuchen dürfen, schrieb ihm:

Lieber Rastus!

Ich schreibe dir eine Frage:
Weißt du, was ein Globus ist?
Ich schreibe dir die Antwort:
Ein Globus ist ein Bus, in dem ein Klo ist.
Ha, ha, ha!
Gute Besserung!
Dein Theo

Dominik zeichnete ihm ein Bild. Es zeigte eine nackte Krankenschwester, die von einem Arzt verfolgt wurde. Darunter schrieb er:

Rastus!

Ist deine Krankenschwester hübsch und sexy?
Viel Spaß im Bett!
Gute Besserung wünscht dir
dein Dominik

Als Frau Süßer die Briefe einsammelte und einen Blick auf Dominiks Blatt warf, wurde sie böse. Sie sagte, der Brief sei ordinär, den würde sie nicht zu den anderen in den Umschlag stecken, sondern in den Papierkorb werfen.
Das tat sie auch, sie zerriss ihn sogar. Aber in der Pause holte Dominik seinen schönen Brief wieder heraus, klebte ihn mit Frau Süßers Tesa zusammen und schrieb noch dazu:

PS: Frau Süßer sagt, mein Brief ist ordinär. Sie hat ihn zerrissen, aber ich habe ihn für dich wieder zusammengeklebt. Hoffentlich musst du darüber lachen.
Dein Dominik

Er gab Justus den Brief, aber so, dass Frau Süßer nichts davon bemerkte.
Marie und Fatma hatten zusammen einen sehr schönen Brief geschrieben.

Lieber Rastus!

Wie geht es dir? Wie ist das Essen im Krankenhaus? Bekommst du Eis mit Sahne und Cola mit was drin? Darfst du schon aufstehen? Oder musst du die ganze Zeit im Bett liegen? Darfst du fernsehen? Sollen wir dir ein Video ausleihen oder hast du beide Augen verbunden? Wenn ein Auge nicht verbunden ist, dann könnten wir dir ein sehr schönes Video ausleihen.
Musst du viele Tabletten schlucken? Hast du auch schon eine Spritze bekommen?
Schreib uns bitte, wie es dir geht. Wir wollen alles von dir wissen, und wenn wir dürfen, besuchen wir dich. Fatma bringt ihre Babykatze mit. Die ist schon tüchtig gewachsen, aber sie ist noch immer kleiner als eine richtige Katze. Ihre Krallen sind oh, là, là!

Wir haben unsere Tische zusammengeschoben, damit Justus zwischen uns sitzen kann. Frau Süßer hat nichts dagegen, sie hat gesagt, wir müssen jetzt nicht nur nett sein zu dir. Wir müssen auch zu Justus nett sein. Es tut ihm nämlich sehr leid, dass er dir den Schaschlikspieß ins Auge geschossen hat.
Jetzt machen wir Schluss.
Wir haben dir einen langen Brief geschrieben.
Gute Besserung!
Viele Grüße von
deiner Fatma und deiner Marie

Frau Süßer schrieb natürlich auch noch einen Brief. Dann faltete sie alle ordentlich zusammen, schob sie in einen braunen Schulumschlag und schrieb mit großen Buchstaben darauf:

An den Schüler Rastus Hoch
Krankenhaus, Zimmer 231

Veränderungen

Es stellte sich heraus, dass man das Auge zwar retten konnte, dass Rastus aber fast nichts mehr würde sehen können damit.
Das war sehr schlimm.
Jeden Morgen musste Justus berichten, wie es seinem Bruder ging. Immer wieder schrieben sie Rastus Briefe und auch die Parallelklasse und Frau Holzapfel schrieben ihm.
Justus erzählte, dass Rastus den ganzen lieben langen Tag stocksteif und total ruhig in seinem Bett liegen musste. Nur eine einzige Stunde am Tag durfte er sich etwas bewegen, aber sogar da sollte er den Kopf kaum drehen. Fernsehen oder Lesen und Schreiben konnte er gar nicht.
Das war entsetzlich.

Marie und Fatma nahmen sich vor, eine Schulstunde lang ganz still auf dem Stuhl zu sitzen. Sie sagten Frau Süßer, sie würden sich nicht melden und auch nicht reden, das müsse sie verstehen. Es sei wegen Rastus. Frau Süßer hatte nichts dagegen, dass sie das mal ausprobieren wollten.

Marie und Fatma probierten also das Stillsitzen, das Sich-nicht-Melden und das Nicht-Reden aus.

Es war grauenhaft.

Nach wenigen Minuten kribbelte es in Maries Beinen, sie musste sich einfach kratzen und dann bekam sie so etwas Ähnliches wie einen Krampf im Rücken.

Fatma ging es nicht anders. Außerdem ärgerte sie sich, dass sie sich nicht melden konnte, wenn sie etwas wusste. Da vergaß sie es ganz und hob doch den Arm.

Nein, das Stillsitzen und das Schweigen konnte man nicht ausprobieren.

»Wahrscheinlich«, flüsterte Marie Fatma zu, »wahrscheinlich kann man das in der Schule

gar nicht. Ich schätze, das kann man nur im Krankenhaus.«
Fatma schätzte das auch.

Rastus' Unglück veränderte die Klasse. Die Kinder waren leiser, sie nahmen mehr Rücksicht aufeinander und häufiger als zuvor halfen sie sich gegenseitig bei den Aufgaben.
Auch Justus wurde anders. Sonst hatte er seinen Mund nicht halten können und nie hatte er abgewartet, bis er aufgerufen wurde. Jetzt war er schweigsam und in sich gekehrt. Er spielte in den Pausen nicht mehr mit den anderen und redete so gut wie nie mit irgendwem.
Dafür machte er andere Sachen, schlimme Sachen. Er stellte Leuten ein Bein, wenn sie an ihm vorübergingen, er sudelte Dominiks Heft mit rotem Filzstift voll und einmal zerriss er sogar Theos prächtige Zeichnung von einem Drachen im grünen Urwald.
Frau Süßer machte sich Sorgen um ihn. Justus fühlte sich schuldig, das war ihr klar. Dass er mit dieser Schuld nicht zurechtkam, war ge-

nauso deutlich zu sehen. Man musste ihm helfen sein inneres Gleichgewicht wiederzufinden. Irgendwie musste das doch zu machen sein. Aber wie? Sollte sie mit ihm reden? Oder lieber jemand aus der Klasse? Sie war unschlüssig, fand keine Lösung.

Als er eines Tages Maries Stuhl wegzog, so dass sie auf dem Boden landete und weinen musste, schickte sie Justus mit dem Klassenbuch ins Rektorat.

»Kinder«, sagte sie dann, »Kinder, wir müssen uns um Justus kümmern. Er macht sich Vorwürfe, weil Rastus seinetwegen das Auge verloren hat, deshalb –«

»Er hat es aber nicht absichtlich getan«, warf Theo ein.

»Nein, natürlich nicht. Aber es ist nun mal passiert und jetzt hat er ein schlechtes Gewissen. Wir müssen ihm helfen.«

»Wie denn?«, fragte Fatma. »Wir können ihm doch keine Briefe schreiben, oder?«

»Müssen wir vielleicht nett sein zu ihm?«, wollte Marie empört wissen. »Er hat meinen Stuhl unter mir weggezogen, das hat verdammt wehgetan. Ich bin sauer auf ihn!«

»So was darf er nicht wieder tun«, sagte Frau Süßer entschieden. »Das ist unfair und gefährlich ist es auch. Macht euch mal Gedanken, euch fällt bestimmt etwas ein.«

»Wir könnten ja ein Fest feiern, wenn Rastus zurückkommt«, meinte Claudia. »Dann feiern wir, dass er seinen Bruder wiederhat.«

»Was ändert das an seinem schlechten Gewissen? Nichts«, wandte Theo ein. »Das bleibt. Die Frage ist: Wie können wir ihm zeigen, dass wir ihm nicht böse sind?«

»Wieso sollen wir ihm denn böse sein?«, fragte Fatma verständnislos.

»Ist doch ganz klar. Wahrscheinlich ist Rastus sauer auf ihn. Kann man ja auch irgendwie verstehen. Und nun denkt Justus, jeder ist sauer auf ihn, auch wir«, erläuterte Theo. »Das ist ein echtes Problem.«

Darüber mussten alle nachdenken. Schließlich meldete sich Fatma. »Also ich seh das so: Wenn Rastus wiederkommt, müssen wir ihm sagen, wie sich Justus benommen hat. Wie er ganz anders geworden ist, weil er eben tagaus, tagein ein schlechtes Gewissen mit sich herumträgt. Das ist ein blödes Gefühl und dieses blöde Gefühl lässt er uns spüren. Aber das ergibt keinen Sinn, weil wir ja nichts dafür können. Und das verlorene Auge zurückbringen können wir schon gar nicht.«

»Ja – und?«, fragte Marie.

»Weiter weiß ich auch nicht«, sagte Fatma hilflos.

»Wenn mir mein Bruder ein Auge kaputt geschossen hätte, wäre ich auch sauer auf ihn«, überlegte Theo laut. »Aber man kann ja nicht ewig sauer sein auf seinen Bruder. Was passiert ist, ist nun mal passiert. Damit muss man sich abfinden. Das sollten wir den beiden sagen, ganz genau das. Schließlich hab ich mich ja auch über Justus geärgert, als er meinen Drachen zerrissen hat. Das ist eben so: Ich hab mich geärgert, aber dann hab ich mich hingesetzt und einen neuen gemalt. Der neue Drache ist sogar noch schöner geworden als der alte.« Düster ergänzte er: »Bloß dass das Auge nicht neu gemacht werden kann.«

»Ich finde das gut, was der Theo da gesagt hat«, meinte Fatma. »Wenn wir ein Fest feiern, so ein Zurückkommfest für den Rastus, soll Theo die Sache mit dem Drachenbild erklären.«

»Und dann sagen wir noch, dass das Fest für beide ist, auch für Justus. Und dass wir wollen, dass sie wieder werden wie früher. Wenn Rastus nämlich sauer ist auf Justus und wenn der Justus darum alle piesackt und Sachen kaputt macht, dann ist das nicht gut für die Klasse. Das müssen beide einsehen, finde ich«, sagte Marie. »Und damit sie sich schnell wieder vertragen, sollen sie nebeneinandersitzen. Ich sitze sowieso lieber neben Fatma.«

Niemand hatte etwas gegen ein Versöhnungsfest für Justus und Rastus und jeder hatte Verständnis dafür, dass Marie neben Fatma sitzen wollte, auch Frau Süßer.

Aber dann, wenige Tage später, kam Marie mit einer Superidee zur Schule.

Maries Vorschlag

»Gestern Nachmittag hatte meine Mutter Besuch von ihrer Freundin«, sagte sie. »Die hat erzählt, dass ihre Tochter beim Fernsehen war und dass wir auch ins Fernsehen kommen können.«

»Bist du wahnsinnig?«, rief Claudia. »Wie sollen wir das machen?«

»Sei ruhig«, meinte Fatma. »Sie erzählt es ja gerade.«

»Weißt du, wie das gehen soll?«, regte sich Claudia weiter auf und Steffi unterstützte sie: »Kein Mensch kommt einfach so ins Fernsehen, nicht wahr, Frau Süßer?«

»Jetzt haltet endlich mal den Mund«, empörte sich Marie. »Immer müsst ihr so ungeduldig sein!« Sie wartete, bis es im Klassenzimmer wieder ruhig geworden war, dann fuhr sie fort: »Ihr kennt doch alle die Sendung vom Mittwochnachmittag.«

»Das ist der Kinderclub«, warf Claudia ein.

»Genau, der Kinderclub. Dazu werden immer Schulklassen eingeladen, und die Tochter der Freundin von meiner Mutter war eine davon –«

»Eine von den Klassen? Eine einzige Schülerin?« Claudia konnte ganz schön gehässig sein.

Marie blickte Frau Süßer Hilfe suchend an.

»Sie war Schülerin in einer der anwesenden Klassen«, half ihr Frau Süßer. »Claudia, sei nicht so unkameradschaftlich. Halt den Mund und lass Marie ausreden, ja?«

Claudia nickte gnädig.

»Also, die war in einer der Klassen. Und ihre Mutter hat gesagt, die Klasse hätte sich ganz einfach gemeldet. Sie hat – ich meine, die Schüler der Klasse haben einen Brief ans Fernsehen geschrieben und gefragt, ob sie nicht auch mal Gäste sein dürften. Sie würden sich freuen, wenn sie kommen dürften. Da hat jemand vom Fernsehen ihnen einen Brief zurückgeschrieben und geantwortet, sie würden sich auch freuen, wenn sie kämen. Und ob ihnen der Termin am Soundsovielten passen würde. Der Termin hat gepasst, sie sind dann mit ihrem Lehrer dahingefahren und später sind sie dann alle im Fernsehen gewesen.«

Marie legte eine Spannungspause ein, dann fuhr sie fort: »Ich meine, wir könnten uns auch melden. Wenn Rastus wieder gesund ist, dann wäre der Besuch beim Fernsehen doch ein tolles Geschenk für ihn, findet ihr nicht auch? Und wenn wir wieder zurück sind, feiern wir für die beiden das Fest in der Klasse.«

Zuerst waren alle ganz ruhig.

Dann sagte Theo: »Also ich weiß nicht … Meint ihr, das ist eine gute Idee?«

»Muss man sich da extra schick anziehen?«, wollte Steffi wissen. »Mein Vater ist arbeitslos, meine Mutter kauft mir bestimmt keine neuen Klamotten.«

»Meine ist zurzeit überhaupt nicht daheim«,

sagte Dominik. »Ich bin allein mit meinem Vater und der hat von nichts ’ne Ahnung.«

»Wo ist denn deine Mutter?«, wollte Theo wissen.

»In Ägypten ist sie.«

»Macht sie ’ne Rundreise?«

»Nee, sie ist mit der Bauchtanzgruppe von der Volkshochschule unterwegs.«

»Aber wenn wir im Fernsehen auftreten, müsste sie bis dahin wieder zu Hause sein, finde ich«, sagte Theo. »Das ist schließlich ein besonderes Ereignis, oder?«

»Ich weiß nicht, ob ich überhaupt im Fernsehen auftreten darf«, sagte Fatma. »Wir sind Mohammedaner, meine Eltern denken anders übers Fernsehen als eure. Und ich muss denken wie sie, das ist das Dumme.«

Es dauerte eine ganze Weile, bis jeder seine Meinung gesagt hatte.

Schließlich einigten sie sich darauf, zunächst einmal einen Brief ans Fernsehen zu schreiben und die Antwort abzuwarten. Dann, so fanden sie, könne man noch einmal darüber nachdenken. Außerdem mussten sie ohnehin erst sehen, ob Rastus bis dahin wieder gesund genug wäre, um mitzugehen.

»Ich muss sagen«, fasste Theo den Inhalt der Diskussion zusammen. »Ich muss sagen, im Prinzip wäre das ein tolles Geschenk. Total ungewöhnlich. Was meinst du dazu, Justus?«

Justus nickte nur.

Frau Süßer sah ihn wieder mal nachdenklich an. »Es ist gar nicht so einfach, wenn der Bruder immer im Mittelpunkt steht, nicht wahr?«, meinte sie. »Aber das musst du jetzt aushalten, Justus. Fang bloß nicht an dir selbst leidzutun. Das macht alles nur noch schmerzhafter.«

»Ich hasse Schaschlikspieße«, stieß Justus hervor. »Nie, nie mehr im Leben esse ich Schaschlik und nie mehr in meinem Leben rühr ich einen solchen Spieß an!«

»Kann ich verstehen«, sagte Fatma. »Aber falls wir zum Fernsehen gehen, kommst du doch mit, oder? Oder willst du vielleicht kneifen?«

Justus schwieg.
»Sei kein Feigling«, sagte Marie neben ihm. »Wenn du nicht bei uns bist, macht der Tag nur halb so viel Spaß. Und außerdem wächst das Auge nicht mehr nach, ob du nun mitgehst oder daheim bleibst, stimmt's?«
Justus nickte.
»Und noch etwas«, meinte Frau Süßer, »sag bitte deinem Bruder noch nichts von unserem Plan. Vielleicht freut er sich aufs Fernsehen, und wenn nichts daraus wird, hat er sich umsonst gefreut.«

Der Brief ans Fernsehen

Es ist gar nicht so leicht, wenn fünfundzwanzig Kinder gemeinsam einen einzigen Brief schreiben sollen. Zunächst muss geklärt werden, wer der Schreiber ist; das ist noch verhältnismäßig einfach. Dann muss geklärt werden, was geschrieben werden soll; das ist viel schwieriger.

Weil Fatma die leserlichste und schönste Handschrift hatte, wurde sie zur Schreiberin ernannt. Aber dann ging's los:

»Schreib so«, sagte Theo. »Liebes Fernsehen, wir möchten Gäste sein im Mittwochclub. Wann können wir kommen?«

»Das geht nicht«, meinte Frau Süßer entschieden. »Das ist viel zu kurz. Ihr müsst euch vorstellen und dann müsst ihr schreiben, warum ihr kommen wollt. Wenn ihr das nicht tut, habt ihr keine Chance, ausgewählt zu werden. Was denkt ihr denn, wie viele Klassen sich täglich anmelden und Gäste sein wollen. Das sind bestimmt Dutzende!«

Das leuchtete allen ein.

»Gut«, meinte Marie, »wir schreiben: *Liebes Fernsehen! Wir sind sechsundzwanzig Leute und wir gehen in die fünfte Klasse unserer Schule.*«

»Wir gehen aber in die Fünf a«, sagte Claudia. »Eine a-Klasse ist besser als eine b-Klasse, das müssen wir unbedingt auch schreiben.«

»S-Klasse wäre am besten«, fand Dominik. »Mein Vater hat ein S-Klasse-Auto, das ist das beste, was es gibt.«

»Stimmt«, sagte Theo. »Wir sind aber kein Auto. Leider.«

»Ich hab eine Idee«, rief Marie. »Da ist beides drin: *Wir sind die Super-A-Klasse unserer Schule!*«

»Und weiter?«, fragte Claudia.

»*Wir sind nette Leute, wir haben eine sexy Lehrerin und wir haben ein Problem. Deshalb möchten wir als Gäste ins Studio kommen«,* diktierte Theo.

Frau Süßer lachte, fand aber, dass der Satz zwar sehr ungewöhnlich, doch im Großen und Ganzen gar nicht schlecht klingen würde.

Theo schlug sich an die Brust, röhrte wie Tarzan und fuhr fort: »*Unser Problem heißt Rastus. Rastus ist unser Mitschüler und er liegt zurzeit im Krankenhaus.*«

Theo stockte.

»*Er liegt im Krankenhaus, weil ein Schaschlikspieß sein rechtes Auge durchspießt hat –*«

»Bist du wahnsinnig!«, fuhr Claudia Marie an. »Es muss heißen: *durchbohrt*, stimmt's, Frau Süßer?«

Die Lehrerin nickte.

»*Nun ist das eine Auge kaputt, denn es wächst nicht mehr nach. Wenn er es verloren hätte wie eine Eidechse ihren Schwanz, wäre es wieder nachgewachsen. Aber ein Auge ist leider kein Eidechsenschwanz, deshalb muss unser Mitschüler Rastus sich nun mit einem Auge zufrie-*

dengeben.« Marie schaute stolz in die Runde. »Wie findet ihr das?«

»Super«, sagte Dominik. »Die Sache mit dem Eidechsenschwanz ist echt super. Wie geht's nun weiter?«

»Wenn er wieder zu uns kommt, möchten wir ein Fest für ihn feiern. Der Anfang von unserem Fest wäre der Besuch bei Ihnen. Wir schlagen Ihnen vor, dass wir als Gäste zu Ihnen kommen. Das wäre etwas Besonderes. Das würde den Rastus echt freuen –«, diktierte Marie.

»– und uns auch, dann hätten wir nämlich alle etwas davon. Wie finden Sie unseren Vorschlag? Wir finden ihn gut«, ergänzte Dominik.

»Nicht so schnell«, bat Fatma. »So schnell kann ich nicht schreiben.«

»Jetzt fehlt noch der Schluss«, sagte Claudia.

»Jetzt müssen wir schließen«, sagte Marie. *»Sonst wird der Brief zu lang. Viele herzliche Grüße von Ihrer Super-A-Klasse.«*

»Genial. Echt genial«, meinte Dominik zufrieden. »Gefällt dir der Brief, Justus?«

Justus nickte nur.

»Wir haben etwas vergessen«, stellte Claudia fest. »Wir müssen noch schreiben, dass wir eine baldige Antwort erwarten.«

»Okay«, sagte Fatma. »Ich schreibe: *Über Ihre baldige Antwort würden wir uns sehr freuen.* Und dann müsst ihr alle unterschreiben. Unterschreiben Sie auch, Frau Süßer?«

»Na klar«, antwortete Frau Süßer. »Und ich stifte auch die Briefmarke.«

Talismänner

Die Antwort ließ auf sich warten. Jeden Tag fragten die Kinder auf dem Sekretariat nach dem Brief vom Fernsehen, doch der kam und kam nicht.

»Wenn ich nicht wüsste, dass wir ihn gemeinsam in den Kasten geworfen haben, würd ich meinen, der ist verschlampt worden«, meinte Theo mit wachsender Unzufriedenheit.

»Vielleicht streikt die Post und wir wissen's nur nicht«, sagte Claudia.

»Die Post streikt nicht«, erklärte Frau Süßer.

»Es könnte ja sein, dass die Fernseh-Sekretärin krank ist. Oder sie ist im Urlaub. Mein Vater sagt immer, wenn seine Sekretärin nicht da ist, wird nichts erledigt.« Dominik wusste Bescheid.

»Sollen wir noch einen Brief schreiben?«, fragte Fatma. »Ich schreib noch einen, das macht mir nichts aus.«
»Wartet ab, Kinder. Ihr müsst dem Fernsehen Zeit lassen. Wer weiß, wie viele Klassen sich gemeldet haben. Das dauert sicher seine Zeit, bis die passenden ausgewählt sind«, beruhigte sie Frau Süßer.
Marie war nicht überzeugt. »Es gibt bestimmt keine passendere Klasse als uns. Oder glauben Sie, dass es noch einen Schüler gibt, dem sein Auge aufgespießt wurde?«
Der Brief kam nicht.
Dafür stand eines Morgens klein, blass und ziemlich mager Rastus neben seinem Bruder Justus.
»Das ist aber eine Überraschung«, sagte Frau Süßer erfreut. »Justus hat uns gar nicht gesagt, dass du heute kommen wirst.«
Rastus schaute Frau Süßer nicht an. »Eigentlich«, sagte er mit gesenktem Kopf, »eigentlich darf ich noch nicht wieder in die Schule. Nur – es ist so langweilig zu Hause.«

Er ging zu seinem Platz, setzte sich und rückte die dunkle Brille, die er nun trug, gerade. Den ganzen Morgen über sprach er kein Wort.

Am anderen Tag trug er wieder die dunkle Brille.
»Warum nimmst du das Ding nicht ab?«, wollte Theo wissen. »Hier drin scheint keine Sonne!«
Rastus hob die Schultern, sagte aber nichts. Stattdessen stellte er einen kleinen Spiegel auf den Tisch. Da er noch nicht schreiben durfte, beschäftigte er sich mit diesem Spiegel. Er schaute hinein, nahm die Brille ab, setzte sie wieder auf, nahm sie erneut ab, legte sie beiseite, kniff das rechte Auge zu, öffnete es, kniff das linke Auge zu, öffnete es, setzte die Brille auf, nahm sie wieder ab … So ging das den ganzen Vormittag lang.
Als Marie ihn schließlich anstieß und fragte: »Was machst du da?«, schrak er zusammen, packte den Spiegel weg und sagte keinen Ton.
»Mann, hast du dich verändert«, sagte Marie.

Der Brief war noch immer nicht gekommen. Rastus schaute zwar nicht mehr so oft in seinen Spiegel, stellte ihn aber weiterhin jeden Tag auf seinen Tisch. Und eines Morgens brachte er noch etwas anderes mit: ein ganzes Bündel Schaschlikspieße.

Frau Süßer blieb vor Schreck fast das Herz stehen, als sie die Dinger sah.

»Was, um alles in der Welt, soll das bedeuten? Du packst die Spieße sofort in den Rucksack. Ich will sie nicht sehen, in deiner Hand nicht und auch nicht in einer anderen. Hast du mich verstanden?«

So energisch hatte sie noch nie mit einem Schüler gesprochen. Die Kinder schauten sie verdutzt an, sie waren fast erschrocken.

Inzwischen senkte Rastus den Kopf nicht mehr so tief. Fast wie in früheren Zeiten schaute er sie an und meinte trotzig: »Das sind meine Talismänner.«

Frau Süßer schluckte. Sie dachte nach und sagte dann: »Trotzdem – ich möchte, dass du sie in den Schulrucksack steckst, und zwar so, dass die Spitzen nicht nach oben schauen. Weißt du, so ein Talismann wirkt auch in der Verpackung.«

Sie wartete geduldig, bis Rastus die Spieße weggepackt hatte.

Die Antwort

Und dann, an einem Mittwoch, kam der Brief.

Liebe Kinder!, begann er. *Wir würden uns freuen, wenn Ihr am Freitag, den 26. November zu uns ins Studio kommen könntet. Seid pünktlich um neun Uhr in der Früh bei uns ...*

Es gab ein gewaltiges Hallo, alle freuten sich riesig und dann musste ja auch Rastus aufgeklärt werden.

Der saß da, schaute auf die Tischplatte, drehte den kleinen Spiegel um und um und erklärte schließlich: »Ich geh nicht mit.«

»Warum nicht?«, rief Marie entsetzt. »Wir haben extra wegen dir den Brief geschrieben! Das ist ein Geschenk für dich. Wir dachten, wenn dein Auge schon kaputt ist, sollst du dich wenigstens über das Fernsehen freuen!

Warum freust du dich nicht? Über ein Geschenk muss man sich doch freuen!«

Rastus schüttelte den Kopf.

Je mehr seine Freunde ihn zu überreden versuchten, desto störrischer schüttelte er den Kopf.

»Wir lassen's dabei«, sagte Frau Süßer schließlich. »Rastus hat Zeit, sich seinen Entschluss in Ruhe zu überlegen. Es sind ja noch einige Wochen bis zum 26. November.«

Doch der Termin rückte rasch näher.

Nachdem sogar Fatmas Eltern ihrer Tochter den Besuch erlaubt hatten, gab es in der Klasse fast nur noch einen Gesprächsstoff: den Termin beim Fernsehen.

Die Mädchen überlegten sich, was sie anziehen wollten, die Jungen planten alles Mögliche mitzunehmen oder anzustellen: Sie wollten eine weiße Maus springen lassen, sie wollten den Stars eine Schlange ins Gesicht schleudern, sie wollten Feuerwerkskörper loslassen, sie wollten Frösche fangen und im Studio aussetzen …

Als Frau Süßer nach und nach von diesen Überlegungen erfuhr, erklärte sie: »Ich rufe auf der Stelle beim Fernsehen an und sage den Besuch ab, wenn ihr nicht versprecht euch zu benehmen. Ich will keinen Ärger haben, verstanden?«

Es gab lange Gesichter, aber als alle erkannten, dass Frau Süßer es ernst meinte, sagten sie ihr, sie könne sich auf ihre Klasse einwandfrei verlassen, Ehrenwort!

Zur Sicherheit schrieb Frau Süßer den Eltern einen Brief. Darin erklärte sie genau, wie der Vormittag ablaufen würde und wie sich die Kinder zu verhalten hätten. Außerdem lud sie noch drei Mütter als Begleitpersonen ein. Sie sollten in ihren eigenen Autos fahren, und wenn sich jemand danebenbenahm, würden sie den Übeltäter sofort heimbringen.

»Ihr kennt mich inzwischen gut genug, ihr wisst, dass ich auch ausführe, was ich sage«, meinte sie abschließend.

Die Kinder nickten. Sie mochten ihre Lehrerin

und sie wussten, dass Frau Süßer zwischen Spaß und Ernst unterscheiden konnte.

Ein Bus wurde bestellt, der Termin rückte näher und näher, aber Rastus wollte noch immer nicht mitkommen.

»Wenn du dableibst, musst du bestimmt den ganzen Vormittag lang in eine andere Klasse«, gab Marie zu bedenken. »Ich an deiner Stelle fände das schrecklich. Da würde ich doch lieber in den sauren Apfel beißen und zum Fernsehen gehen.«

Rastus schüttelte den Kopf.

In der Pause stand er still und etwas abseits von den anderen im Hof, kaute lustlos sein Vesperbrot und nahm hin und wieder einen Schluck aus seiner Saftflasche.

Die Großen hatten die Tischtennisplatte für sich. Sie spielten mit viel Temperament und Energie. Als einer von ihnen andauernd verlor, weil sein Gegner viel besser war, bekam er eine Wut und schmetterte seinen Ball in die Gegend. Der Ball schoss auf Rastus zu. Der zuckte zusammen, ließ vor lauter Schreck

Brot und Flasche fallen und presste die Hände vor die Augen.
Der Ball traf ihn nicht, aber einen Aufruhr gab es doch.
»Bist du doof?«, schrie Theo den Großen an. »Der Rastus sieht doch nichts mehr, der ist fast blind, weißt du das nicht?«
Das hörte Rastus, natürlich musste er es hören. Er wurde weiß, so weiß wie die Außenmauer der Schule wurde sein Gesicht.
Justus sah das und ging wie ein Stier auf den Großen los. Aber der war so groß und stark, dass der Kleine ihm überhaupt nichts anhaben konnte.
Fatma und Claudia sammelten die Scherben der Flasche ein, Dominik kickte das angebissene Vesperbrot ins Gebüsch. Und Marie legte den Arm um Rastus, der sich erstaunlicherweise nicht dagegen wehrte, und führte ihn beiseite.
Da klingelte es.
Natürlich schilderten die Kinder Frau Süßer den Vorfall in allen Einzelheiten, natürlich re-

dete Frau Süßer daraufhin ein ernstes Wort mit dem Großen, natürlich versprachen alle, Rastus von nun an in den Pausen zu beschützen. Aber der Schaden war geschehen.
Rastus wurde noch stiller.
Justus zappelte so schlimm wie noch nie.

Letzte Einzelheiten

Zwei Tage vor dem Besuch beim Fernsehen packte Frau Süßer den Stier bei den Hörnern.

Statt Biologie zu unterrichten, ließ sie die Stühle im Kreis aufstellen und sagte: »Übermorgen wollen wir fahren. Wir klären nun die letzten Einzelheiten.«

Sie hatte eine Liste in der Hand, auf der die letzten Einzelheiten notiert waren: pünktliche Abfahrt, Verhalten im Bus ... Der ganze Kleinkram stand da und ausführlich wurde ein Punkt nach dem anderen besprochen.

Zum Schluss holte sie tief Luft und sagte: »Außerdem habe ich beschlossen, dass Justus und Rastus nicht mitfahren werden. Justus ist viel zu unruhig und Rastus möchte sowieso nicht mit. Sie bleiben zu Hause, das habe ich mit ihrem Vater heute Morgen ausgemacht. Alles klar?«

Frau Süßer wartete eine Antwort gar nicht ab, sondern sagte: »So, und nun geht an eure Plätze, holt die Hefte heraus, ich möchte die Hausaufgaben sehen.«

»In Biologie hatten wir nichts auf«, sagte Theo erstaunt.

»Doch«, widersprach Frau Süßer. »Zeig mir dein Hausaufgabenheft, da müsstest du es eingetragen haben. Wehe, wenn du geschlampt hast …«

Natürlich hatte Theo nichts aufgeschrieben, natürlich hatte der Schlamper geschlampt. Wie immer gab er wortreiche Erklärungen ab, wodurch die Aufmerksamkeit der anderen von Justus und Rastus weg und voll auf ihn gelenkt wurde.

In der nächsten Stunde hatten sie Deutsch. Frau Süßer hielt das Sprachbuch in der Hand und meinte: »Heute werden wir uns mit einer Wortfamilie beschäftigen. Wir nehmen aber nicht das Beispiel aus dem Buch, sondern lieber eins, mit dem ihr schon eigene Erlebnisse hattet.«

»Was steht denn im Buch?«, wollte Theo wissen.

»Da haben sie als Beispiel die Wortfamilie ›Bauer‹ angegeben. Aber die Wortfamilie ›Katze‹ gefällt euch bestimmt besser als Bauer, Bäuerin und Bauernhof. Schließlich hat Marie einmal ein Kätzchen mit in die Klasse gebracht.«

»Das fand Herr Jonathan aber überhaupt nicht lustig«, warf Fatma ein.

»Jedenfalls –«

»Tiger, Leopard! Laus und Floh!«, rief Claudia in die Klasse hinein.

»Das ist keine Wortfamilie«, verbesserte sie Marie, die in Deutsch ziemlich gut war. »Das ist ein Wortfeld, nicht wahr, Frau Süßer?«

»Zur Katzenfamilie gehört der Katzenkorb, die Katzenstreu, das Katzenkittekat«, zählte Fatma auf.

Claudia schlug sich an die Stirn. »Mensch, warum hab ich das nicht gewusst?«

»Weil du ein Mädchen bist«, antwortete Theo todernst. Alle lachten, obwohl das natürlich kompletter Blödsinn war.
»Machen wir weiter«, meinte Frau Süßer. »Wer weiß noch etwas?«
Claudia meldete sich aufgeregt. »Katzenohr, Katzenzunge, Katzenschwanz«, rief sie. Sie wollte anscheinend beweisen, dass sie jetzt den vollen Durchblick hatte.
Theo meldete sich auch. »Ich weiß noch ein Wort«, sagte er wichtig. »Es heißt ›katzenhaft‹.«
Da drehte sich Rastus zu ihm um.
»Ach«, meinte er grinsend. »In welchem Gefängnis sitzt sie denn, deine Katze?«
Marie lachte als Erste und schlug ihm auf den Rücken. »Rastus! Jetzt bist du wieder ganz wie früher!«
Zum ersten Mal nach seinem Unfall hatte Rastus ohne Aufforderung etwas gesagt!

Im Container

An dem wichtigen Tag regnete es.
Der Bus hielt vor dem Schulhaus, die Türen öffneten sich und die Kinder stürmten hinein.
Theo boxte sich nach hinten durch, legte sich quer auf die Rückbank und rief: »Dominik, hierher! Marie, Fatma, hierher!«
Fatma hielt ihren Schulrucksack behutsam vor dem Bauch und bahnte sich vorsichtig einen Weg nach hinten.
Als Letzte stieg Frau Süßer ein. Sie blickte sich um, zählte durch, ob außer Rastus und Justus keiner fehlte, und verkündete dann zufrieden: »Alle da, es kann losgehen.«
Mitleidig winkten die Kinder den Schülern auf dem Pausenhof zu, die nicht das Glück hatten, zum Fernsehen zu dürfen.

Die Mütter fuhren nun doch in einem einzigen Auto; sie stiegen auch ein und folgten dem Bus.
Der quälte sich mühsam durch den morgendlichen Berufsverkehr.
Nach der fünften Ampel begann Claudia zu jammern. »Oh, ist mir schlecht! Frau Süßer, mir ist ja so schlecht, ich muss bestimmt gleich spucken. Hier vorne schaukelt es so doll!«
Ungerührt zeigte der Busfahrer auf den grünen Eimer. Doch Claudia jammerte weiter; sie jammerte, schluckte, würgte und machte einen langen Hals, bis Frau Süßer die Geduld verlor und sie nach hinten schickte.
Dort quetschte sie sich zwischen Theo und Marie, lachte zufrieden und stellte fest: »Jetzt ist mir überhaupt nicht mehr schlecht!«
Zum Beweis aß sie drei Schokoriegel mit Haselnüssen und Nugat.

Die Fahrt dauerte eine knappe Stunde.
Dann hielt der Bus vor einem eisernen Tor in einer hohen Mauer. Der Mann am Tor wollte

wissen, wer der Fahrer und die Leute im Bus wären, sprach in sein Funkgerät und ließ sie dann weiterfahren.

Hinter dem Tor sah es aus wie in einem großen Park. Da waren weite Rasenflächen mit hohen alten Bäumen, zwischen denen verschiedene Häuser standen. Vor einem Haus mit der Tafel »Studio 24« hielt der Fahrer.

Ein junger Mann in Jeans und einem knallbunten Hawaiihemd erwartete sie.

»Halli-hallo, da seid ihr ja endlich! Schön, dass ihr da seid! Ihr seid nämlich heute die wichtigsten Leute im Studio, ganz furchtbar wichtig seid ihr! Und sieh mal einer an, wie fein ihr euch herausgeputzt habt! Damit ihr's gleich wisst, ich bin der Michael. Das ist ein Name, den ihr euch bestimmt leicht merken könnt, nicht wahr? M-I-C-H-A-E-L, sprecht mir nach: Michael.«

»Der denkt, wir sind lauter Deppen«, knurrte Theo und gab keinen Ton von sich.

»Aber schön sieht er aus, dieser Michael!«,

schwärmte Claudia. »Findet ihr nicht auch, dass er schön ist?«

Mit der rechten Hand fuhr Michael immer wieder durch sein dichtes, dunkles, langes Haar. Und dann warf er auch noch den Kopf nach hinten, dass das tolle Haar nur so flog.

»Ich find ihn doof«, stellte Marie ungerührt fest. »Außerdem ist er mindestens so zappelig wie der Justus oder vielleicht sogar noch zappeliger. Wenn der in unsere Klasse ginge, hätte Frau Süßer ihn bestimmt nicht mitgenommen. Garantiert hätte der daheim bleiben müssen.«

»Kinder, ihr seid die Größten heut!«, rief der zappelige Michael. »Ihr seid turbosupermegawichtig! Ihr werdet's schon noch sehen, wie toll ihr seid. Aber jetzt kommt mit mir. Ins Studio können wir noch nicht, das wird nämlich noch hergerichtet, weil heute eine besonders megawichtige Sendung gedreht wird. Ein Glück habt ihr, ein Superglück! Kommt mit!«

»Einen Augenblick bitte«, sagte Frau Süßer.

»Wir warten noch auf die Mütter. Hoffentlich kommen sie bald.«
Tatsächlich, da bogen sie schon um die Ecke. Ein weiteres Auto folgte ihnen.
»Ist das nicht …? Das sind doch …!«
Der Regen war vergessen. Die Kinder umringten das zweite Auto, aus dem langsam und sehr zögerlich Justus und Rastus ausstiegen.
»Dürft ihr denn überhaupt kommen?«, fragte Theo verwundert.
»Das ist echt gut«, fand Marie. »Ohne euch wär's uns bestimmt viel zu langweilig.«
Der zappelige Michael wurde noch zappeliger. »Nun kommt schon«, rief er ungeduldig. »Ich muss meine Sätzchen loswerden, bevor ihr ins Studio dürft. Beeilt euch, liebe Leute, ihr seid heute doch die Größten, das wisst ihr doch!«
Er führte sie die Gänge entlang, es ging treppauf und treppab, aber schließlich kamen sie in ein Gebäude, das er den »Container« nannte.
»Sucht euch einen Stuhl aus«, rief er munter.

»Nur ich muss hier rauf … Es ist mein täglicher Sport!« Er schwang sich auf einen Tisch, von dem aus er die Kinder gut überblicken konnte.
»So, Leute, jetzt wird's ernst. Auch wenn ihr nicht in der Schule seid, bitte ich euch mir zuzuhören und aufzupassen. Also … Nachher im Studio seht ihr zwei wichtige Leute, das sind die Stefanie und der Markus. Die Stefanie und der Markus sind unsere Stars, die spielen die Hauptrollen. Aber ihr, ihr spielt heute die Tophauptrollen. Dafür müssen wir nun etwas üben. Das geht so: Wenn die Stefanie und der Markus etwas besonders Witziges sagen, dann dürft ihr klatschen. Ihr dürft klatschen und juhu schreien und mit den Füßen trampeln. Ihr dürft alles, was ihr in der Schule nicht dürft. Ihr müsst 'ne megaturbogroße Begeisterung zeigen, klar? Wollt ihr mal zeigen, wie laut ihr klatschen und trampeln und schreien könnt? Ja? Dann mal los!«
Theo war begeistert. Er schrie, trampelte und klatschte auf Teufel komm raus und steckte

mit seinem Temperament alle anderen an: Es war ein Höllenlärm.
Michael winkte ab. »Ist das alles, was ihr könnt? Leute, das ist nichts. Los, noch mal, aber zeigt ein bisschen mehr Leben, wenn ich bitten darf.«
Aber auch der Lärm beim zweiten Versuch war ihm noch nicht laut genug.
»Schon besser«, meinte er. »Aber denkt dran: Das Schreien und Klatschen und Trampeln ist nicht alles. Man muss euch eure Begeisterung auch ansehen. Also lacht und freut euch, ja? Und du da … Hallo …«, sagte er aufmunternd in Richtung von Fatma und Marie, »ihr zwei, ja, euch meine ich, hallo, Gucki, Bussi, Schatzi, winke, winke, hiiiiier … Ja, so ist's recht, freut euch und lacht, laaacht … jaaaaa! Ja, so ist's recht!«
Marie legte entschlossen die Hände auf den Rücken.
»Ich mach nicht mehr mit. Glaubt der vielleicht, ich bin eine Klatschmaschine? Ich bin doch nicht blöd!«

»Leute, das war fabelhaft, das war super, das war top«, rief Michael. »Das war megaturbosuper! Nun das Ganze noch mal. Wenn ihr das im Studio nämlich ein paarmal hintereinander gemacht habt, wollt ihr beim fünften Mal das Gesicht nicht mehr verziehen. Ist ja klar, nicht? Trotzdem, genau das müssen wir üben.«

»Was?«, fragte Dominik verständnislos.

»Hallo, lieber Mensch«, meinte Michael. »Hast wohl nicht aufgepasst? Wann bist du heute aufgestanden?«

Dominik schwieg.

»Vergiss es«, meinte Michael munter. »Jetzt klatscht, trampelt, lacht und freut ihr euch, okay?«

Endlich war er zufrieden. »So, nun noch ein paar wichtige Kleinigkeiten. Also: Nach der Aufnahme gibt's ein Mittagessen, Spaghetti mit Tomatensauce oder Pommes mit Hamburger und Fanta jede Menge. Ja, da fällt mir noch was ein: Wenn ihr pieseln müsst, bitte nicht in eine Ecke stellen oder einfach so ins

Studio plätschern, Leute! Fragt den Michael, ich zeig euch, wo's langgeht, okay? Wir sind da übrigens total großzügig – es gibt drei Boxen für die Mädchen und zwei Planschbecken für die Jungs.«

Justus hob den Arm. »Ich muss mal!«

»Hier lang!« Michael zeigte ihm den Weg. »Viel Spaß!«, rief er ihm hinterher.

Eine Klingel schrillte, kaum dass Justus wieder zurück war.

»Leute, jetzt wird's ernst«, sagte Michael wichtig. »Es wird megaturboernst. Jetzt geht's ab ins Studio.«

Das Studio

Verwundert sahen sich die Kinder um. So hatten sie sich das nicht vorgestellt. Auf der einen Seite des riesigen Raumes waren hohe Stufen, auf die sie sich setzen mussten. Auf der anderen Seite war eine Fantasielandschaft aufgebaut. Da war eine Oase mit einem winzigen Weiher, mit Palmen und prächtigen Bäumen, einer Brücke und einem Schlösschen.
Dann gab es noch ein Gebirge, hohe Bäume und eine Kulisse, die alles Mögliche darstellen konnte. Über dem Ganzen, an den Wänden und auf dem Boden waren unzählige Lampen, Kabel und Drähte befestigt.
Die Mütter und Frau Süßer mussten ganz an der Seite auf ein paar Stühlen Platz nehmen und so tun, als wären sie gar nicht da. Das war klar, denn heute waren ja die Kinder, wie

Michael wieder versicherte, »die wichtigsten, fantastischsten, die megaturbotollen Menschen!«.

Dann kamen der Regisseur und die beiden Stars, Stefanie und Markus. Die waren super geschminkt und frisiert und trugen Kostüme, als wären sie eine Prinzessin und ein Prinz.

»Leute«, sagte der Regisseur, »der Kalender sagt November, aber hier im Studio ist Fasching. Seht ihr das Ding da drüben? Das ist eine Konfettikanone. Wenn die mit Konfetti geladen und abgeschossen wird, dann müsst ihr so klatschen, wie es euch der Michael beigebracht hat, verstanden?«

Doch zuerst zeigten zwei Clowns Kunststücke mit einem Tisch und zwei Stühlen. Das war so spaßig, dass die Kinder ganz von alleine klatschten, trampelten, johlten, pfiffen und so schrien, dass der Regisseur aus dem Loben nicht herauskam.

Nach den Clowns trat eine Kapelle auf. Die war ganz okay, aber nichts Besonderes.

Dann wurde die Kanone geladen; das dauerte

eine Weile. Stefanie und Markus übten in der Zwischenzeit ihre Sätze und sagten sie so lange auf, bis der Regisseur endlich mit ihnen zufrieden war.
Marie verdrehte die Augen.
»Wenn Frau Süßer so streng mit mir wäre, würde ich sie hassen«, sagte sie zu Fatma.
Die nickte und befühlte ihren Rucksack. Marie staunte, als sich plötzlich etwas darin bewegte. Vorsichtig öffnete Fatma den Rucksack und ließ Marie hineinschauen.
»Mensch, du hast die Babykatze mitgebracht! Aber das darfst du doch gar nicht!«
»Das merkt niemand«, versicherte Fatma. »Die Katze schläft die ganze Zeit, und wenn sie nicht schläft, ist sie brav.«
»Ist was?«, fragte Justus, der neben Marie saß.
»Fatma hat die Katze im Rucksack«, flüsterte sie.
»Die soll auch was von dem Tag haben«, meinte Fatma. »Ist doch klar, oder?«
»Was ist klar?«, wollte Rastus wissen.

»Fatmas Katze ist auch da«, sagte Justus.
»Megasuperturbogeil! Darf ich sie mal sehen?«, wollte Rastus wissen.
»Jetzt nicht, aber nachher im Bus«, erwiderte Fatma. Rastus nickte.
Inzwischen standen Markus und Stefanie neben der Kanone und sagten ihre Begrüßungssätze auf.
»Leute, wir feiern heute eine megasuperturbogeile Faschingsparty ...«
Die Kinder johlten, trampelten und klatschten.
»Halt!«, rief der Regisseur. »Es heißt: supermega!«
Markus nickte und begann von neuem: »Leute, wir feiern heute eine supermegaturbogeile Faschingsparty!«
Die Kinder warteten gespannt darauf, wie es weitergehen würde.
»Ja, wo bleibt denn eure Begeisterung?«, brüllte der Regisseur. »Auf geht's!«
Die Kinder klatschten und lachten und Theo pfiff sogar durch die Finger.

»Heiliger Strohsack, das war noch gar nichts«, schimpfte der Regisseur. »Wenn alle so langweilig wären wie ihr, würde die Welt stehen bleiben. Los, zeigt Leben!«

»Dafür bin ich nicht zum Fernsehen gekommen«, beschwerte sich Marie laut. »Mir tun schon die Hände weh, ehrlich.«

Endlich war der Regisseur mit den Stars und mit dem Beifallklatschen der Klasse zufrieden.

Und dann wurde die Kanone abgeschossen.

Es tat einen Wahnsinnsschlag, ein Konfettiregen ging auf sie nieder – und das Unglück nahm seinen Lauf. Von dem Kanonenschlag wachte Fatmas Babykatze auf. Durch den lauten Knall, durch den Tusch der Kapelle und das Lärmen der Kinder bekam sie einen solchen Schreck, dass sie aus ihrem sicheren Versteck ausbrach. Mit einem kleinen Satz hopste sie zuerst auf Maries Knie, dann auf Theos Rücken und von da sprang sie zur Oase hinunter.

»Halt!«, schrie Fatma entsetzt und rannte ihr

nach. »Wo willst du hin? Du musst bei mir bleiben!«

Marie, Theo und Justus kamen ihr zur Hilfe und nahmen die Verfolgung auf.

Die Stars standen wie versteinert neben der Kanone, der Regisseur schaute wild um sich. Erst als ein paar Lampen umfielen und sich die Babykatze an seinem linken Hosenbein festkrallte, dämmerte es ihm, dass sich jemand in seinem Studio aufhielt, der nichts dort zu suchen hatte.

Da wurde der Regisseur supermegaturbolebendig. Er brüllte: »Halt!« und »Raus hier!« und »Stehen geblieben!« und »Weg da!« und noch andere Wörter. Ein paar davon waren so schlimm, dass die Kinder sie später, als sie wieder in der Schule waren, nur flüsternd wiederholten.

Weil es ein sehr großes Studio war und weil es tausend Möglichkeiten zum Verstecken gab, weil Fatmas Katze, die sehr lange geschlafen hatte, megaausgeruht und turbofit war und weil sie vor lauter Schreck nicht mehr zwi-

schen Freund und Feind unterscheiden konnte, war die Katze nicht zu fangen. Irgendwann schließlich, als sie genügend Kabel, Drähte und Schnüre verwirrt und jede Menge Requisiten umgestoßen hatte, saß sie oben auf einer Palme aus Pappe und ruhte sich aus.
Dem Regisseur waren die Schimpfwörter ausgegangen. Frau Süßer sammelte ihre Schüler um sich und wartete ab, wie es nun weitergehen sollte, Michael fuhr sich ständig durch sein tolles Haar, Markus und Stefanie standen immer noch neben der Konfettikanone – und oben auf ihrer Palme saß die Katze und fauchte wie ein kleiner Drache.
Das Weitere ging sehr schnell.
Als der Regisseur wieder sprechen konnte, sagte er etwas von »großer finanzieller Einbuße« und »verlorenem Tag«. Er war sehr unfreundlich und hatte völlig vergessen, dass die Kinder noch vor kurzer Zeit die megaturbosupergeilsten Leute gewesen waren. Jetzt brüllte er nur noch: »Raus! So schnell wie möglich raus! Und vergesst das Katzenvieh nicht!«

Und dann stürmte er aus dem Studio und ließ sie stehen wie eine Herde begossener Pudel.
Natürlich wären sie gern schnellstmöglich raus und zum Bus gegangen. Aber oben auf der Palme saß ja noch Fatmas Babykatze und ohne die konnten sie nicht weg.
Fatma heulte und wegen einer Heulsuse wollte die Katze anscheinend nicht von der Palme springen.
Da nahm Rastus seine dunkle Brille ab.
Er zog sein Taschentuch heraus, faltete es wie eine Maus, setzte sich unter die Palme, machte »miau, miau« und spielte mit der Taschentuchmaus.
Die Katze schaute herunter; die Maus interessierte sie. Sie zierte sich noch ein wenig, aber plötzlich kletterte und sprang sie herunter und begann mit Rastus und seiner Maus zu spielen.
Als sie die Taschentuchmaus in den Pfoten hatte, konnte Rastus sie ganz leicht auf den Arm nehmen und streicheln. Sie schnurrte, rieb ihren Kopf an seinem Ärmel und ließ zu,

dass er sie zusammen mit der Taschentuchmaus in Fatmas Rucksack steckte.

»Rastus, du bist ein Geschenk des Himmels«, stellte Frau Süßer erleichtert fest. Doch dann guckte sie streng. »Fatma, mit dir muss ich später ein Hühnchen rupfen, nein, ich denke, das wird 'ne ganze Hühnerfarm werden. Aber das verschieben wir auf später. Jetzt suchen wir unseren Bus und fahren zurück zur Schule.«

»Und das Essen? Die Pommes mit Hamburger, die Spaghetti mit der roten Sauce?«, murrte Theo. »Ich hab Hunger! Es hat ja nicht mal 'ne Vesperpause gegeben in diesem Saftladen hier.«

»Eben! Ständig mussten wir lachen und begeistert sein!«, unterstützte ihn Marie. »Nur weil Fatmas Katze ein bisschen Unordnung gemacht hat, sollen wir jetzt hungern. So war das nicht ausgemacht, ehrlich nicht.«

»Ich hab mich schon die ganze Zeit auf das Essen gefreut«, jammerte auch Justus. »Ich meine, so ganz umsonst arbeitet man ja nicht fürs Fernsehen, oder?«

»In der Kantine gibt es jetzt noch kein Mittagessen«, schaltete sich Michael ein.
»Wir warten gerne«, sagte Rastus, setzte die dunkle Brille wieder auf und hockte sich auf die Stufen vor der Bühne.
»Tjaaa ...« Michael vergaß ganz, die dunklen schönen Haare zu schütteln. »Was machen wir nun?«
»Nichts. Wir gehen«, sagte Frau Süßer kurz und bündig. »Je eher Sie uns den Weg zeigen, desto schneller sind wir draußen.«

Der Held des Tages

Michael ging voraus, Frau Süßer folgte ihm mit den Kindern und die Mütter bildeten den Schluss. Die schauten Fatma mit giftigen Blicken an, bedauerten Frau Süßer ausgiebig, kommentierten die Jugend von heute und meinten, missratene Eltern hätten halt auch missratene Kinder.

Da bestand Frau Süßer darauf, dass die Mütter gleich heimfuhren. Sie wolle nun allein mit ihrer Klasse sein, sagte sie.

Der Busfahrer wurde in der Kantine ausfindig gemacht. Er wunderte sich ein bisschen, fuhr dann aber los und hielt rechtzeitig zur zweiten großen Pause vor der Schule.

»Seid ihr schon wieder da?«, fragten die anderen erstaunt. »War's denn nicht schön?«

»Blöd war's«, antwortete Dominik knapp.

»Es war ’ne megaturbosupergeile Scheiße«, fügte Theo hinzu. »Nicht mal was zum Essen haben wir bekommen, ganz umsonst haben wir fürs Fernsehen gearbeitet.«

»Meine Katze ist erschrocken; sie hat ein bisschen Unordnung gemacht. Darum wurden wir rausgeworfen«, erklärte Fatma.

»Aber Junge, Schimpfwörter haben wir gelernt, solche kennt ihr noch nicht! Wenn ihr die hört, fallen euch die Ohren ab«, meinte Justus.

»Sag schon …«

Mit einem Schlag war Justus der wichtigste Mann auf dem Hof.

Später, im Klassenzimmer, legte er den Arm um Fatma: »Ich beschütze dich!«

Frau Süßer war blasser als sonst.

»Kinder, ich musste mir ein paar unfreundliche Sätze von unserem Rektor anhören. Er meinte, ich sei viel zu lasch für euch und wir alle hätten Schande über unsere Schule gebracht. Tja … Das ist nun eine schöne Geschichte. Und Fatma – was mach ich bloß mit dir?«

»Nichts«, antwortete Justus entschieden. »Wir sind schon genug gestraft, stimmt's? Schließlich sitzen wir jetzt wieder hier, wir treten nicht im Fernsehen auf und zu essen haben wir auch nichts bekommen.«

»Ja, aber Fatma muss extra bestraft werden. Ich meine ...«

Es klopfte, die Tür wurde aufgerissen und die Sekretärin rief: »Schnell, Frau Süßer, Sie sollen ans Telefon kommen! Das Fernsehen ist am Apparat!«

»Ach du liebes Lieschen!« Frau Süßer rannte hinaus, kam wieder zurück und sagte atemlos: »Wehe, ihr macht wieder Unsinn!«

»Was denkt sie nur von uns?«, meinte Marie kopfschüttelnd.

Sie warteten geduldig.

Es dauerte einige Zeit, bis die Lehrerin zurückkam.

»War's schlimm?«, wollte Claudia wissen.

»Nein –«

»Werden wir wieder eingeladen?«, fragte Dominik.

»Das auch nicht –«
»Also, was ist?«
Frau Süßer holte tief Atem.
»Also ... Es ist so: Einer der Kameramänner konnte aufnehmen, wie Fatmas Katze oben auf der Palme saß und auf uns herunterfauchte, wie Rastus das Taschentuch zur Maus knüpfte, wie er mit ihr spielte und wie dann die Katze von der Palme sprang und eingefangen wurde. Den Film hat er dem Regisseur gezeigt. Der findet ihn so gut, dass er ihn in einer Sendung bringen will. Wir haben also noch mal Glück im Unglück gehabt, Kinder.« Frau Süßer schaute Rastus an. »Du warst wirklich der Retter in der Not, Rastus, und der Held des Tages bist du auch.«
Rastus senkte den Kopf. Dann setzte er sich aufrecht hin und sagte leise: »Und das mit nur einem Auge! Das ist doch was, oder?«
»Mensch!« Theo haute ihm auf den Rücken. »Wir haben zwei Augen, du hast nur eins und bist der Held des Tages! Weißt du, was du

bist? Du bist total megasuperturbogeil, das bist du!«

»Leute, ihr habt nicht aufgepasst«, antwortete Rastus. »Wisst ihr nicht mehr, dass es supermegaturbogeil heißt?«

Er nahm die dunkle Brille ab und reichte sie Justus. Der hatte aber Fatmas Katze im Arm, und weil er sie so sehr streichelte, konnte er die Brille nicht richtig in die Hand nehmen. Sie fiel zu Boden. Als er sich bückte und sie aufhob, bekam er ein knallrotes Gesicht. Dann versuchte er die Brille der Katze auf die Nase zu setzen. Die hatte aber kein Verständnis für eine verdunkelte Optik, sie fauchte empört und nahm Reißaus.

Rastus sprang auf, rannte ihr hinterher und spielte »Achtung – Aufnahme!«.

Justus kletterte auf einen Tisch und schrie: »Leute, das wird ein neuer Sketch, er heißt –«

»Die Sendung mit der Maus!«, rief Dominik.

»Quatsch! *Die Fünfer beim Fernsehen!*«, sagte Frau Süßer lachend.

Da pfiffen, klatschten, johlten und trampelten alle, wie Michael es ihnen beigebracht hatte.

Klasse 5 und die Liebe

Ein echter Montag

Es gibt schöne Tage und spannende Tage, es gibt lustige Tage und vergnügte Tage, es gibt Glückstage und Pechtage, es gibt Weihnachtstage, Ostertage, Geburtstage, Namenstage, Zeugnistage und Krankheitstage, es gibt Jubiläumstage, Todestage und Hochzeitstage und es gibt Montage. Montage haben es in sich; es soll Menschen geben, die montags am liebsten nicht aufstehen würden, weil sie die Montagsüberraschungen fürchten.

Ein solcher Montag war dieser Montag.

Als Frau Süßer in die Klasse kam, sahen ihr alle an, dass dieser Montag in den Eimer wandern konnte.

Erstens grinste sie nicht vergnügt.

Zweitens wünschte sie der Klasse keinen guten Morgen.

Drittens pflaumte sie Theo an, er solle gefälligst seinen Schulranzen an den Haken hängen, da gehöre er nämlich hin und nicht mitten ins Zimmer.

Und viertens setzte sie sich auf den Stuhl, der hinter ihrem Tisch stand. Das war ganz ungewöhnlich; wenn sie sich setzte, dann auf einen Tisch oder auf den Fenstersims.

»Sind Sie krank?«, fragte Marie mitfühlend.

»Nein«, antwortete Frau Süßer.

»Haben Sie schlecht geschlafen?«, wollte Fatma wissen. »Wenn meine Mutter schlecht geschlafen hat, schaut sie genauso aus wie Sie.«

»Ich habe ganz normal geschlafen«, sagte Frau Süßer.

»Dann haben Sie Streit mit Ihrem Freund«, meinte Theo.

»Nein, das ist es auch nicht.« Frau Süßer blickte zur Decke.

»Ist es noch schlimmer?«, forschte Dominik. »Etwas Schlimmeres als einen Streit kann ich mir eigentlich nicht vorstellen.«

»Es gibt etwas Schlimmeres, etwas, das nicht schnell vorübergeht, etwas, das bleibt.« Frau Süßer stand auf und wanderte zwischen den Tischen hin und her.

»Sie machen mich ganz kribbelig«, beschwerte sich Rastus.

Frau Süßer schaute von einem zum anderen. »Also, es ist Folgendes: Ihr wisst doch, dass vor einigen Wochen euer Klassenlehrer krank geworden ist und ich deshalb seinen Unterricht übernommen habe. Nun ist der Kollege wieder gesund, so dass er wieder zu euch kommen kann. Das heißt, dass ich nur noch vier Wochen hier bin.«

»Und dann?«

»Dann werde ich an einer anderen Schule unterrichten«, sagte Frau Süßer.

»Und wir?«, fragte Theo sachlich.

»Ihr habt wieder bei Herrn Jonathan Unterricht«, antwortete Frau Süßer.

»Kommt nicht in Frage«, sagte Marie entschieden.

»Egal ob ihr das gut findet oder nicht, ich bin

nur noch wenige Wochen hier«, meinte Frau Süßer. »Damit es eine schöne Zeit wird, habe ich zwei Überraschungen für euch. Erstens: In drei Tagen bekommen wir Besuch.«

»Besuch?«, wiederholte Justus skeptisch. »Was für einen Besuch?«

»Wartet's ab«, antwortete Frau Süßer. »Die andere Überraschung behalte ich vorerst noch für mich. Einverstanden?«

»Auf die Überraschungen können wir verzichten«, meinte Justus. »Der Schock genügt.«

Als es klingelte, rannten alle nach draußen, nur Justus machte sich noch an seinem Ranzen zu schaffen.

»Ist was?«, fragte Frau Süßer.

Justus nickte. Tieftraurig schaute er Frau Süßer an, dann schlich er schweigend und mit hängenden Schultern aus dem Klassenzimmer.

Die erste Überraschung

Am nächsten Tag knallte Frau Süßer einen braunen Karton auf ihren Lehrertisch, öffnete ihn, holte stapelweise Bücher heraus und verteilte sie.

»Das Geheimnis des sauren Apfels«, las Fatma vor. »So ein Schrott. Ich mag keine sauren Äpfel.«

»Ich auch nicht, ich esse nie Äpfel, die haben mir viel zu viele Vitamine. Außerdem gibt's bei uns nur Ökokost, das reicht«, meinte Steffi.

Frau Süßer grinste. »Es gibt solche Äpfel und solche. Es gibt gesunde Äpfel und Äpfel, die eine Überraschung sind. Wenn ihr ...«

»Ich weiß«, schrie Fatma. »Eine Hexe hat Schneewittchens Apfel vergiftet.«

»Quatsch, das war keine Hexe, das war eine

Stiefmutter«, stellte Theo richtig. »Aber meine Stiefmutter macht so was nicht – das hoffe ich wenigstens«, fügte er hinzu.

»Also, was ist mit dem Apfelbuch«, wollte Rastus wissen. »Müssen wir das etwa lesen?«

»Das kommt auf euch an«, meinte Frau Süßer geheimnisvoll. »Der Mensch, der dieses Buch geschrieben hat, kommt morgen zu uns in die Schule und liest daraus vor. Das ist meine erste Überraschung für euch.«

Alle schwiegen.

Wenn Frau Süßer helle Begeisterung erwartet hatte, wurde sie mächtig enttäuscht.

»Kommt der morgen früh – oder müssen wir mittags extra in die Schule kommen?«, wollte Theo wissen. »Ich komme nicht extra, mittags habe ich immer etwas vor.«

»Ihr müsst nicht extra kommen, die Lesung findet während der Schulzeit statt«, beruhigte ihn Frau Süßer.

»Einen ganzen Tag in einem Erlebnispark hätte ich als Überraschung viel besser ge-

funden. So ’ne Lesung ist doch eine uncoole Überraschung«, meuterte Theo.
Frau Süßer lachte. »Wart’s ab, am Ende gefällt dir die Sache doch. Und denk mal nach: Ein ganzer Tag im Erlebnispark hätte deine Freizeit auch ganz schön eingeschränkt.«

Am nächsten Tag gingen sie nach der großen Pause in den Musiksaal. Dort wartete schon die Parallelklasse. Als alle auf ihren Stühlen Platz genommen hatten, kam der Rektor.
Er sagte etwas zu Frau Süßer und Frau Holzapfel, warf die Hände in die Luft und meinte laut: »Die Sache ist nicht zu ändern.«
Die beiden Lehrerinnen waren mächtig sauer, das sah man ihren Gesichtern an.
Sie schauten richtig giftig, als die Achter sich auch noch in den Saal drängelten und sich ganz hinten an den Fenstern niederließen.
»So war das nicht ausgemacht«, protestierte Frau Süßer. »Die Achter sind doch viel zu alt für das Buch!«
»Die Klasse muss versorgt werden«, antwor-

tete der Rektor. »Sie beide werden schon Ruhe in den Laden bringen«, sagte er und verließ fluchtartig den Musiksaal.
»Mist«, schimpfte Frau Süßer und stellte sich vor die Klassen. »Ruhe«, rief sie in das Durcheinander. »Haltet den Mund und hört mir mal zu, ja?«
Die beiden Fünferklassen waren ziemlich schnell ruhig, aber die Großen grölten weiter. Ein paar holten Vesperbrote und Getränkedosen aus ihren Taschen und machten es sich gemütlich. Andere spielten Karten, unterhielten sich und lachten, so laut sie konnten. Frau Süßer und Frau Holzapfel brachten nur langsam etwas Ruhe in den Laden.
Vollkommen ruhig wurde es erst, als die Tür aufging und ein kleiner dicker Mann hereinkam. Er hatte das Apfelbuch in der Hand, schaute einmal kurz in die Runde und steuerte dann zielstrebig auf den Stuhl am Klavier zu. Dort ließ er sich nieder.
»Hallo«, sagte er und nutzte den Überraschungseffekt, »vor euch steht ein Verrückter.«

»Huch!«, schrie eine aus der Achten. »Sind Sie gefährlich?«

»Und wie«, antwortete der kleine Dicke. »Ich kann mit euch machen, was ich will.«

Die Großen lachten ihn aus.

»Glaubt ihr mir nicht?«, fuhr der Mann fort. »Ich kann euch zum Schweigen, zum Weinen und zum Lachen bringen. Ihr müsst mir nur die Chance dazu geben. Fünf Minuten brauche ich dazu und ihr tut das, was ich will. Wenn es mir nicht gelingt, gehe ich nach fünf Minuten. Einverstanden?«

»Der hat 'ne Meise«, stellte Theo fest.

»Einverstanden?«, wiederholte der Dicke. Er sagte das so, dass alle, auch die Achter, nickten.

»Gut«, sagte der Mann und begann mit ganz, ganz leiser Stimme zu erzählen. »Stellt euch zwei Schüler vor, die finden eines Tages auf dem Schulhof einen Apfel. Als sie den wie einen Fußball herumkicken, fällt er auseinander und sie sehen, dass da, wo normalerweise die Apfelkerne sitzen, ein Papierröllchen in einer

Plastikhülle steckt. Sie nehmen das Röllchen heraus, ziehen es auseinander und lesen, was darauf steht. Die Botschaft ist so verrückt, dass sie ihren Augen zuerst nicht trauen wollen.«

»Was haben sie denn gelesen?«, fragte einer aus der Achten.

»Ist doch total egal«, sagte ein anderer und gähnte laut.

»Mich interessiert's«, fuhr ihn der Erste an. »Also?«

»Klaut das rote Huhn und legt es vor die Ampel am Bahnhof«, antwortete der kleine Dicke.

»Das war die Botschaft?«, fragte Justus und lachte. »Das glaube ich nicht.«

»Ehrenwort«, sagte der Mann.

»Und was hat die Botschaft zu bedeuten?«, wollte Rastus wissen.

»Tja«, sagte der Dicke. »Das lese ich euch jetzt vor.« Er rückte den Stuhl zurecht, schlug das Buch auf und begann zu lesen. Seine Stimme war so leise und die Geschichte so spannend, dass alle gebannt zuhörten.

Plötzlich schlug er das Buch zu, stand auf und sagte: »Na, hab ich euch zu viel versprochen? Ihr habt getan, was ich wollte …«
»Wie geht's weiter?«, rief Marie.
»Das könnt ihr selbst nachlesen«, antwortete der Dicke. »Ihr habt ja das Buch!«
»Mann, das war cool«, sagte Marie. »Findest du nicht auch, Theo?«
Theo nickte gnädig. »Es war echt nicht uncool!«
»Haben Sie die Geschichte wirklich selbst geschrieben? Ich meine, haben Sie sich die Geschichte selbst ausgedacht?« Marie war Feuer und Flamme.
Der Dicke lächelte und nickte.
»Wie macht man das?«, fragte Marie.
Der Dicke konnte nicht sofort antworten, weil der Rektor kam, um die Achter abzuholen.
Es dauerte, bis die draußen waren. Als die Tür hinter dem Letzten ins Schloss fiel, wurde es wieder ruhig.
»Gott sei Dank«, seufzte Frau Holzapfel erleichtert.

»Also, wie machen Sie das?«, fragte Marie nochmals. »Ich stell mir das furchtbar langweilig vor, so viele Sätze zu schreiben. Wie lange braucht man denn für ein ganzes Buch? Ein Jahr vielleicht?«

»Quatsch«, widersprach Theo. »An so 'nem Ding sitzt man garantiert zwei bis drei Jahre.«

Der Autor lachte schallend. »Nein, so lange schreibe ich nicht an einem Buch. Und ganz genau kann ich es euch gar nicht sagen. Es kommt ja auch darauf an, wie lange ich täglich daran arbeite.«

»Ich finde Schreiben echt öde«, warf Claudia ein. »Wenn wir einen Aufsatz schreiben müssen, würde ich am liebsten nicht zur Schule gehen. Haben Sie gerne Aufsätze geschrieben?«

Der Mann wiegte den Kopf hin und her. »Ungern hab ich sie auf jeden Fall nicht geschrieben.«

»Wie alt sind Sie eigentlich?«, fragte Dominik. »Haben Sie Kinder? Sind Sie überhaupt verheiratet? Und wo wohnen Sie denn?«

»Und woher haben Sie Ihre Ideen? Fallen die Ihnen im Schlaf ein? Oder sagt Ihnen jemand, was Sie schreiben sollen?«

»So viele Fragen«, sagte Frau Süßer. »Ihr müsst doch auch die Antworten abwarten!«

Es wurde eine lebhafte Stunde. Kurz vor dem Klingeln meinte Marie: »Wenn ich mal ein Buch schreibe, schicke ich es Ihnen zum Lesen. Was halten Sie davon?«

»Ich werde es lesen und dir einen langen Brief dazu schreiben«, versprach der Mann.

»Abgemacht«, antwortete Marie zufrieden, packte ihren Schulranzen und verabschiedete sich mit Handschlag.

Die zweite Überraschung

Wenige Tage später setzte sich Frau Süßer mit einer ganz besonders geheimnisvollen Miene auf ihren Tisch.

»Ist was?«, fragte Theo.

»Ja«, antwortete Frau Süßer. »Habt ihr Lust, ins Schullandheim zu gehen?«

»Schullandheim – ist das ein Witz?«, fragte Theo misstrauisch.

»Nein, es ist mir ernst«, antwortete Frau Süßer lachend.

»Da ist bestimmt irgendetwas faul«, meinte Justus. »Wahrscheinlich gehen wir nur einen einzigen Tag, oder einen halben, oder die ganze Schule muss gehen. Leute, freut euch nicht zu früh!«

»Ihr könnt euch freuen«, sagte Frau Süßer beharrlich. »Unsere Klasse geht allein, wir werden drei Tage fort sein und das Ganze ist mein Abschiedsgeschenk für euch.«

»Ich wusste doch, dass etwas faul ist.« Justus schniefte. »Ich mag keine Abschiedsgeschenke und so eines schon gar nicht.«

»Sei nicht blöd«, fuhr ihn sein Bruder an. »Drei Tage Schullandheim, drei Tage keine Schule, drei Tage Spaß, ist das vielleicht nichts?«

»Jaaaa – und dann?«

Justus' Jammern ging im Toben der Klasse unter.

»Schläfst du mit mir in einem Zimmer?«, schrie Fatma und legte ihren Arm um Marie.

»Kann ich zu euch kommen? Ich will auch in euer Zimmer!«, brüllte Claudia. »Was nehmen wir mit? Ich nehme alle meine Schminksachen mit, in Ordnung?«

»Schminksachen«, sagte Theo verächtlich. »Typisch Weiberkram. Ich hab ein Klappmesser, das nehme ich mit. Und Juckpulver und solche Sachen!«

»Untersteh dich«, sagte Frau Süßer und

packte ihn an den Haaren. »Waffen jeglicher Art bleiben zu Hause, und wenn ihr jemandem einen Streich spielen wollt, wartet damit, bis ich nicht mehr hier bin, klar?«

»Klaaaar«, sagte Theo und lachte.

»Wohin gehen wir überhaupt?«, fragte Rastus sachlich.

»Ja, wohin fahren wir? Ans Meer? Drei Tage auf einem Segelschiff, so was gibt's, das wär 'ne tolle Sache, ich hab nämlich noch nie das Meer gesehen«, sagte Fatma sehnsüchtig.

»Nein, ans Meer fahren wir nicht. Das wäre viel zu weit. Wir gehen in die Berge!«

»Das hab ich mir gedacht«, meinte Theo entsetzt. »Drei Tage Berge, drei Tage Wandern. Nee, Frau Süßer, da mach ich nicht mit. Da bleib ich lieber hier.«

»Aber warum denn? Was ist daran so schlimm?«

»Alles«, antwortete Theo. »Wandern ist echt furchtbar. Nach fünf Minuten hab ich die erste Blase am rechten kleinen Zeh, nach sechs Minuten hab ich die zweite Blase am linken großen Zeh, nach sieben Minuten die dritte am rechten großen Zeh –«

»Hör bloß auf«, meinte Marie. »Wenn du weiter stänkerst, verliert Frau Süßer die Lust, mit uns zu gehen.«

»Ja«, pflichtete ihr Fatma bei. »Halt den Mund und kauf dir richtige Wanderschuhe!«

»Ich halt ja schon den Mund«, jammerte Theo weiter. »Aber warum müssen es denn ausgerechnet die Berge sein? Wir könnten doch einfach an einem schönen See zelten und faulenzen?«

»Nach zwei Stunden würdet ihr euch vor lauter Langeweile die Köpfe einschlagen«, sagte Frau Süßer energisch. »Wir fahren –«

»Mit dem Zug?«, unterbrach sie Rastus.

»Nein, mit dem Bus. Die Fahrt dauert keine drei Stunden. Das heißt, wenn wir um acht Uhr in der Früh fortkommen, sind wir gegen elf in unserer Herberge.«

»Herberge?«, wiederholte Theo misstrauisch. »Was heißt das schon wieder? Ich denke, wir fahren in ein Schullandheim.«

»Du nervst«, sagte Frau Süßer. »Kannst du nicht mal den Mund halten und zuhören? Ich werde euch alles so ausführlich wie nur möglich erklären. Also: Wo sind wir stehengeblieben?«

»Wir sind noch gar nicht fortgegangen«, meinte Rastus.

»Jetzt bist aber du der, der nervt«, fuhr ihn Theo an.

Frau Süßer wartete, bis es still wurde. »Normalerweise gehen hier an der Schule erst die Achter ins Schullandheim. Es war nicht leicht, den Rektor davon zu überzeugen, dass die drei Tage mein Abschiedsgeschenk für eine besonders liebe und tüchtige Klasse sind, dass das Ganze schnell geplant werden muss und nur wenig kosten darf. Denn für eure Eltern dürfen ja keine großen außerplanmäßigen Ausgaben entstehen. Weit weg können wir in der kurzen Zeit auch nicht, also fing ich an zu suchen und nahm natürlich das beste aller Angebote. Wir werden ins Allgäu fahren, ins Kreuztal. Und unsere Unterkunft ist so richtig zünftig: Es ist ein ehemaliger Kuhstall, der erst vor kurzem renoviert wurde und –«

»Ohhh!« Stöhnend ließ sich Theo vom Stuhl gleiten. »Wisst ihr, was das heißt, Leute? Da stinkt's nach Scheiße!«

»Halt die Klappe!« Rastus zerrte ihn hoch.

Frau Süßer fuhr fort: »Der renoviert wurde. Die Zimmer sehen sehr gemütlich aus.«

»Waren Sie dort?«, fragte Marie.

»Nein, ich habe nur die Fotos gesehen. Die haben mir gut gefallen«, sagte Frau Süßer. »Egal wie es riecht, die drei Tage halten wir aus. Außerdem haben wir ein so dichtes Programm, dass wir uns kaum auf den Zimmern aufhalten werden.«

»Und wenn's regnet?« Theo konnte seinen Mund wirklich nicht halten.

»Es wird nicht regnen«, antwortete Frau Süßer und funkelte ihn wütend an. »Es darf einfach nicht regnen!«

»Hoffentlich weiß das der Wetterdienst«, murmelte Theo aufsässig.

»An den drei Tagen schauen wir uns eine

kleine Stadt an, wir gehen in einem Hallenbad schwimmen, wir wandern durch eine Schlucht, die Gletscher in einer der Eiszeiten ausgeschliffen haben, und am letzten Abend feiern wir eine Party. Das sind meine Pläne«, sagte Frau Süßer. »Wenn ihr noch weitere Ideen habt, sagt es mir.«

»So schnell fällt uns nichts ein«, sagte Marie vorwurfsvoll. »Bis morgen müssen Sie uns schon Zeit lassen, ja?«

»Das finden wir auch«, meinten Rastus und Justus. »Aber für den Anfang ist das Ganze eigentlich ziemlich cool, echt, Frau Süßer.«

»Na, da bin ich aber froh!«, meinte sie und lachte.

Vorbereitungen

Frau Süßer hatte einen Brief an die Eltern geschrieben. Den teilte sie aus. »Halt, Theo! Aus dem Blatt wird jetzt kein Flieger gefaltet! Lies den Brief laut vor, dann hast du was zu tun, los!«

Theo strich das Papier wieder glatt und las: »Liebe Eltern! Wie Sie gewiss von Ihrem Kind erfahren haben, wollen wir in zwei Wochen für drei Tage mit der Klasse ins Allgäu fahren ...« Theo blickte auf. »Ich hab zu Hause noch nichts gesagt, gestern war bei uns nämlich dicke Luft. Meine Mutter hatte den Geldbeutel verlegt und deshalb war abends kein Bier im Haus ... Mannomann, mein Vater fand das überhaupt nicht lustig.«

»Kann ich verstehen«, meinte Frau Süßer, »aber nun lies weiter.«

»Also«, sagte Theo und fuhr fort: »Wir werden am 15. April morgens um acht von der Schule aus aufbrechen. Herr Ditillo vom Busunternehmen Albert wird uns fahren ... Nein!« Theo schaute auf. »Ausgerechnet der! Bei dem darf man überhaupt nichts. Man darf keine laute Musik hören, man darf nicht laut lachen, man darf keine Witze machen, man darf überhaupt gar nichts und nichts und nichts, ehrlich, Frau Süßer.«

»Das stimmt!«, riefen die Zwillinge. »Der Mann ist furchtbar!«

»Macht nichts«, antwortete Frau Süßer kurz. »Theo, lies weiter!«

Theo schüttelte den Kopf, strich das Blatt Papier nochmals glatt und fragte: »Wo war ich denn? Ach, hier. Also: ... fahren. Wir werden gegen elf in Kreuztal sein. Bis zum Mittagessen um halb eins werden wir unser Gepäck auspacken und um zwei beginnt unsere erste Wanderung. Wenn es das Wetter erlaubt, werden wir uns so viel wie möglich im Freien aufhalten. Der Preis für Fahrt, Unterkunft und

Verpflegung beträgt pro Kind hundertfünfzig Euro, bedürftige Kinder können einen Zuschuss beantragen.«

»Was heißt das?«, fragte Fatma. »Das versteht meine Mutter nicht.«

»Das heißt, dass die Schule in berechtigten Fällen einen Teil der Kosten übernehmen kann«, erklärte Frau Süßer.

»Dann bin ich bedürftig«, erklärte Theo.

»Das werden wir ja sehen«, meinte Frau Süßer.

»In Ordnung«, bestätigte Theo und las weiter: »Bitte geben Sie Ihrem Kind nicht zu viele Süßigkeiten mit. Achten Sie darauf, dass Sie Regenkleidung und stabile Wanderschuhe einpacken. Bitte teilen Sie mir auch mit, ob Ihr Kind an einer Allergie oder einer Krankheit leidet und ob es auf die Einnahme von Medikamenten angewiesen ist. Ich möchte Sie auch darauf hinweisen, dass Ihr Kind ab und zu in kleinen Gruppen ohne meine Begleitung unterwegs sein wird. Nun hoffen wir auf gutes Wetter und wünschen uns allen viel Spaß im Schullandheim. Ihre Frau Süßer, Klassenlehrerin.«

»Stabile Wanderschuhe, Regenkleidung ... wenn ich das schon höre«, murrte Justus. »Wie viele Leute passen denn in so ein Zimmer, Frau Süßer?«

»Vier oder sechs, je nachdem«, antwortete sie.

»Und sind da noch andere Klassen?«, wollte Claudia wissen. »Das wäre spannend.«

»Da muss ich dich leider enttäuschen; wir sind die Einzigen.«

»Schade, echt schade.«

Theo lachte. »Du kannst deinen Farbenkasten zu Hause lassen. Oder willst du dich für die Kühe schminken?«

Claudia funkelte ihn an. »Idiot«, schnaubte sie. »Altes Ekel!«

»Habt ihr euch schon überlegt, wer mit wem in einem Zimmer schlafen wird?«, fragte Frau Süßer. »Ich schlage vor, das besprecht ihr bis zur Pause.«

Justus sah sie an. »Haben Sie ein Zimmer für sich allein?«

»Das will ich doch hoffen«, antwortete Frau Süßer erstaunt.

Justus nickte. »Kommt sonst niemand mit?«

»Habe ich das noch nicht gesagt?«, fragte Frau Süßer. »Herr Binder wird mitkommen; wir brauchen natürlich eine männliche Begleitperson.«

»Muss das sein?«, fragte Justus. »Es reicht doch, wenn Sie dabei sind.«

»Bin ich ein Mann?« Frau Süßer lachte.

»Himmel, so meine ich das nicht«, antwortete Justus. »Ich meine, viele Lehrer sind halt ein Graus.«

»Es geht nicht anders«, meinte Frau Süßer. »Für die Mädchen sorge ich, für euch Jungen sorgt Herr Binder. Aber verantwortlich bin ich natürlich für euch alle.«

»Ja, aber Herr Binder stört nur. Wir brauchen ihn nicht, weil Sie auf uns alle aufpassen können«, beharrte Justus. »Stimmt's?«

Jetzt wurde Frau Süßer misstrauisch. »Was habt ihr gegen Herrn Binder? Er ist nett und er ist noch ganz jung. Also?«

»Ich hab nichts gegen ihn«, meldete sich Claudia.
Justus hob die Schultern. »Ja … du …«, meinte er gedehnt. »Es ist klar, dass du nichts gegen ihn hast.«
»Gut, dann beenden wir das Thema«, entschied Frau Süßer.

Es geht los!

Der Abfahrtstag rückte näher und näher und dann, ganz plötzlich, war er da.
Die Mütter fuhren mit den Autos vor, luden Kinder, Rucksäcke, Taschen und Vesperbeutel aus, gaben letzte gute Ratschläge und viele Ermahnungen und taten so, als würden sie ihre Kinder mindestens ein ganzes Jahr lang nicht mehr sehen.
»Es ist das erste Mal, dass meine Claudia ohne Familie unterwegs ist«, sagte Claudias Mutter.
Maries Mutter nickte, tupfte sich die Augen trocken und meinte wehmütig: »Ja, ja, aus Kindern werden Leute. Die Zeit vergeht so schnell. Gestern hab ich sie noch in den Kindergarten gebracht und heute geht sie schon alleine auf große Fahrt.«

»Wir fahren doch nur ins Allgäu und in drei Tagen sind wir wieder hier«, wollte Herr Binder sie trösten.

Aber so leicht ließ sich Maries Mutter den Abschiedsschmerz nicht nehmen. »Haben Sie eigene Kinder?«, wollte sie wissen. »Nein? Dann können Sie nicht mitreden. Ach, wenn ich daran denke, dass sie heute Abend nicht in ihrem Bett liegen und ›Mama, ich möchte noch einen Gutenachtkuss‹ rufen wird! Ich darf mir das gar nicht vorstellen ...«

»Sind wir vollzählig?«, rief Frau Süßer.

»Nein, Theo fehlt noch«, sagte Claudia. »Aber der kommt ja immer so knapp.«

»Steigt schon mal in den Bus«, befahl Frau Süßer.

Doch so schnell ging das nicht.

»Vergiss deine Brille nicht!«, rief Rastus' Mutter.

»Ruf heute Abend an! Zwischen sieben und acht passt es am besten, das weißt du ja!«, verlangte Claudias Mutter.

»Frau Süßer, nicht wahr, Sie achten darauf,

H
Schulbus
PARIS

dass mein Dominik keine nassen Füße bekommt, er ist ein so zartes Kind!«

Dominik, das zarte Kind, grinste verlegen und drängelte in den Bus.

»Frau Süßer, mein Patrick verträgt keine Milch! Bitte denken Sie daran, ja?«

»Haben Sie mir das aufgeschrieben?«, wollte Frau Süßer wissen.

»Nein, nein, natürlich nicht, ich dachte, es genügt, wenn ich es Ihnen vor der Abfahrt noch schnell sage.«

»Oje ... Ich werde mich bemühen an alles zu denken!« Frau Süßer verzog das Gesicht und sagte leise zu Herrn Binder: »Es soll Leute geben, die für Gedächtnistrainingskurse viel Geld ausgeben; wir können uns das sparen: Zehn Minuten mit zwanzig besorgten Eltern sind das beste Mittel gegen ein nachlassendes Gedächtnis!«

Herr Binder lachte und legte seinen Arm rasch um ihre Schultern.

Da traf ihn Justus' Rucksack in den Kniekehlen.

»He, was soll das?«, rief Herr Binder empört. »Kannst du nicht aufpassen?«

»'tschuldigung«, sagte Justus, schleuderte seinen Rucksack auf den Rücken und drängelte sich zwischen Frau Süßer und Herrn Binder hindurch zum Bus.

»Theo kommt!«, schrie Claudia. »Ich seh ihn!«

Er kam in Turnschuhen, in einer dünnen Windjacke und mit einer weißen Plastiktüte in der Hand. Ohne Mutter, ohne Rucksack, ohne Vesperbeutel und ohne Entschuldigung fürs Zuspätkommen.

»Hallo!«, sagte er nur und stieg in den Bus.

»Alles klar«, sagte Frau Süßer. »Auf Wiedersehen!«

Die Mütter winkten, riefen letzte Worte und wischten sich noch mal die Augen.

Fahrt und Ankunft

Im Großen und Ganzen verlief die Fahrt normal und ereignislos.
Frau Süßer zählte ab, ob auch wirklich alle da waren. Einundzwanzig Kinder mussten es sein und einundzwanzig Kinder waren es. Sie fragte, ob auch alle Regenzeug und feste Schuhe dabeihatten. Klar, alle hatten Regenzeug und feste Schuhe im Gepäck.
»Du auch, Theo?«, fragte sie zur Sicherheit und blickte auf die weiße Plastiktüte.
Theo nickte brav. »Die Schuhe habe ich an, und wenn's regnet ... aber es regnet bestimmt nicht«, versicherte er hastig. »Das haben Sie gesagt!«
»Meine Mutter hat mir zwei Anoraks mitgegeben«, sagte der zarte Dominik. »Kein Mensch zieht zwei Anoraks auf einmal an;

wenn's regnet, bekommst du einen von mir, Theo.«

»Super«, sagte Frau Süßer erleichtert. »Denkt ihr auch daran, dass ihr nicht zu viele Süßigkeiten essen sollt?«

»Na klar!«, versicherten alle, wickelten die Schokoriegel aus, tauschten Bonbons und Kaugummis, schraubten Flaschen auf und labten sich an dunkelbraunen und grellgelben Flüssigkeiten. Frau Süßer setzte sich erleichtert neben Herrn Binder. Der lächelte liebevoll, polierte einen Apfel auf seinem Hosenbein blank und schenkte ihn seiner Kollegin. Justus kam nach vorn und begann ein längeres Gespräch mit dem Busfahrer.

»Setz dich wieder«, sagte Herr Binder. »Es ist gefährlich, wenn du da stehst.«

»Sofort«, antwortete Justus folgsam. »Ich will nur noch wissen, ob das ein Diesel oder ein Benziner ist, und welches Baujahr und …«

»Wann machen wir Pause?«, fragte Patrick. »Ich muss mal.«

»Ich auch!« Mindestens die Hälfte der Kinder verlangte dringend nach einem Klo.
Der Busfahrer war diesen Kummer gewöhnt und versprach, in wenigen Minuten eine geeignete Parkbucht anzufahren. Da verlor Justus ganz plötzlich das Interesse am Bus, flüsterte mit Theo und Claudia, die hinter Frau Süßer und Herrn Binder saßen, und setzte sich zum Erstaunen aller nach der Klopause allein in die Bank hinter den Lehrern.
Schlecht wurde niemandem, das war ein Wunder. Es war auch ein Wunder, dass niemand auf dem Parkplatz die Jacke oder den Geldbeutel vergaß. Es war aber kein Wunder, dass niemand auf die schöne Gegend achtete, und es war auch kein Wunder, dass alle lauthals »... unsre Lehrer sind so blöd wie wir« sangen. Dass aber Justus ständig seinen Kopf von hinten zwischen Frau Süßers und Herrn Binders Kopf schob und den beiden dauernd süße und saure Bonbons anbot – das war ein verdammtes Wunder.
Natürlich lief eine nachlässig zugeschraubte

Saftflasche aus, natürlich erzählte Theo Ostfriesen- und Blondinenwitze nonstop und brachte schließlich Claudia so auf die Palme, dass sie zu Frau Süßer ging und sich mächtig beschwerte.

»Der erzählt die Witze nur, weil ich blonde Haare hab«, sagte sie aufgebracht.

»Setz dich woandershin«, meinte Herr Binder. »Hat man denn keine Sekunde Ruhe vor euch?«

»Warum?«, fragte Claudia verständnislos. »Ruhe hat man nur im Grab, sagt meine Oma immer.«

Frau Süßer erhob sich. »Ich werd mal nach dem Rechten schauen.«

Aber da meinte der Busfahrer: »Nicht mehr nötig; wir sind bereits da.«

Rechts stand ein Haus mit einem Wirtshausschild. Die Farbe war so verwittert, dass man die Worte »Zum goldenen Kreuz« kaum entziffern konnte. Die Fenster waren klein und hatten Fensterläden, die früher wohl einmal blau-weiß gestreift gewesen waren.

Zur Eingangstür führten sehr ausgetretene Steinstufen hinauf. Auf der obersten Stufe, direkt vor der geöffneten Tür, lag ein riesiger Bernhardiner. Er hob langsam den Kopf und schaute zu, wie der Bus hielt und die Kinder heraussprangen.

»Mann, ist der groß«, sagte Rastus ehrfürchtig.

Das fanden die anderen auch.

»Warum geht der Hund nicht weg?«, fragte Marie. »Ich möchte in unser Zimmer und auspacken.«

Das wollten alle, aber niemand wagte sich die Stufen hinauf und an dem Hundevieh vorbei. Also warteten sie, ob nicht jemand käme und den Hund aus dem Weg schaffen würde.

Es kam niemand.

Der Busfahrer hupte.

Nichts.

Der Busfahrer hupte mehrmals.

Nichts.

Der Busfahrer ließ den Daumen lange auf der Hupe.

Nichts.
Frau Süßer sah Herrn Binder an, der räusperte sich und trat auf die unterste Stufe.
Der Riesenhund erhob sich und schaute interessiert auf den Lehrer hinunter.
Der stieg auf die zweite, die dritte, die vierte Stufe. Jetzt stand er direkt vor dem Hund.
Der knurrte, peitschte den Schwanz von links nach rechts, richtete sich noch ein kleines bisschen auf, öffnete den Rachen sehr weit, ließ die Zunge baumeln und Spucke tropfen und legte seine Vorderpfote langsam auf Herrn Binders Schulter.
»Huch!«, schrie Frau Süßer.
Herr Binder zuckte zusammen und ergriff die Flucht.
Jetzt bellte der Hund, aber wie!
»Süßer!«, schrie jemand. »Süßer, mach nicht so 'n Lärm!« Ein Mann in einem karierten Holzfällerhemd und Gummistiefeln, rechts und links einen leeren Eimer schwenkend, kam um die Ecke gerannt.
»Ihr seid schon da?«, fragte er unnötiger-

weise. »Ihr müsst ja gerast sein wie die Deppen! Hat euch mein Süßer erschreckt? Der tut niemand nichts, der ist lammfromm, brav ist der wie ein Zwergpinscher, nur bellen tut er ein bisschen lauter, nicht wahr, Süßer?«
Der Süße bellte.
»Können Sie Ihren Hund nicht an die Leine nehmen?«, fragte Herr Binder. »Wir möchten nicht, dass er den Kindern etwas tut.«
»Der tut keinem Kind etwas«, antwortete der Mann entschieden. »Deshalb kommt er auch nicht an die Leine, nicht wahr, Süßer? Das wär ja noch schöner, wenn du das Haus nicht mehr bewachen könntest.«
Der Süße bellte und tappte die Stufen hinunter.
Die Kinder machten ihm Platz, so dass er ungehindert auf Herrn Binder zugehen konnte.
Herr Binder holte tief Luft.
Da sagte Frau Süßer: »Über den Hund müssen wir noch mal in Ruhe ein Wörtchen reden. Aber zunächst wären wir Ihnen dankbar, wenn Sie uns unsere Zimmer zeigen könnten.

Übrigens: Das hier ist mein Kollege, Herr Binder. Ich bin Frau Süßer.«

»Vischer mit V«, stellte sich der Mann vor. »Und Sie sind Frau Süßer? Süßer, das ist dein Frauchen«, sagte Herr Vischer-mit-V und lachte über seinen eigenen Witz.

»Mann, ist der blöd«, sagte Rastus angewidert.

»Find ich auch«, pflichtete ihm sein Zwillingsbruder bei. »Meinst du, bei dem ist ’ne Schraube locker?«

»Eine?« Rastus stupste seine Brille zurecht. »Bei dem sind garantiert alle Schrauben locker.«

»Ich mag Hunde«, meinte Fatma. »Aber der Süße hier ist mir einfach zu groß.«

»Mir auch«, sagte Claudia. »Und überhaupt – ich hab mir das Ganze total anders vorgestellt.«

Der zarte Dominik nieste.

»Die Zimmer«, wiederholte Frau Süßer. »Wir möchten in unsere Zimmer.«

»Na klar doch«, sagte der Mann. »Wo ist

eigentlich meine Frau? Sie ist für die Zimmer verantwortlich. Ich kümmere mich um unsere Tiere. Zwei Kühe haben wir, zehn Ziegen und den Süßen. Und jede Menge Mäuse im Stall. Aber um die kümmern sich die Katzen.«
»Wir sind hier falsch. Wir wollen ins Schullandheim und nicht ins Tierheim«, sagte Theo laut und deutlich.
Ein Jeep bog von der Straße ab und hielt vor dem Süßen. »Ich bin schon da!«, rief die Frau, während sie aus dem Auto ausstieg. »Ihr kommt aber auch zeitig!«
Dominik nieste wieder.
»Das kann ja heiter werden«, sagte Frau Süßer und reichte dem Jungen ein Taschentuch. »Hier – putz dir die Nase.«

Die Unterkunft

»Sie wollen die Zimmer sehen«, sagte Herr Vischer zu seiner Frau.
»Die werden euch gefallen. Kommt mit«, sagte Frau Vischer munter und ging über den Hof.
Zögernd folgten ihr die Kinder, Frau Süßer und Herr Binder.
»Wir haben den Stall umgebaut«, erklärte Frau Vischer und öffnete das Scheunentor. »Links schlafen die Jungen, rechts die Mädchen. In der Mitte sind die Zimmer für die Lehrer. Da können Sie hören, was nachts so vor sich geht – praktisch, nicht wahr?«
Frau Süßer ging in ihr Zimmerchen, klopfte an die Wand und rief entsetzt: »Du liebes Lieschen, die ist ja hauchdünn!«
Sie schaute sich um: ein Bett, schmal und kurz, ein Stuhl, ein kleiner Tisch, ein Waschbecken

und drei Haken, kein Schrank, kein Nachtkästchen und nur ein winziges quadratisches Fenster mit einer rot-weiß karierten Gardine. Sie ließ ihre Tasche aufs Bett fallen. »Na ja, für die paar Nächte reicht's«, meinte sie ergeben und ging rüber in Herrn Binders Zimmer.
Das sah genauso aus wie ihres, nur lag bei ihm noch ein fußgroßer Flickenteppich vor dem Bett.
»Ich schau mal nach den Mädchen«, sagte Frau Süßer.
Marie, Fatma, Claudia und Steffi standen vor den zwei Stockbetten.
»Frau Süßer«, rief Marie, »die Dinger wackeln! Schauen Sie mal – würden Sie da oben schlafen?«
»Hier gibt's nicht mal einen Spiegel«, erklärte Claudia empört. »Und wo soll ich meine Kleider aufhängen? Sehen Sie einen Schrank? Ich seh keinen!«
»Für die drei Tage brauchst du keinen Schrank«, erklärte Frau Süßer. »Und den Spiegel findest du bestimmt im Bad.«

»Wo ist denn das Badezimmer?«, fragte Marie. Verdutzt schaute Frau Süßer ihre Schülerinnen an. »Ja … wo ist es? Am besten, wir machen uns auf die Suche.«

In dem Moment krachte es fürchterlich.

Die Wände wackelten. Der Fußboden bebte. Die Scheiben klirrten.

Einen Augenblick herrschte Stille, dann brach ein ohrenbetäubendes Geschrei los.

Frau Süßer stürzte auf den Gang. Dort stieß sie mit ihrem Kollegen zusammen, überall waren Kinder, versperrten den Weg und schubsten sich in die Richtung des Zimmers, aus dem der Lärm drang. Die Tür ließ sich nicht öffnen. Frau Süßer warf sich dagegen. Es tat sich nichts. Überhaupt nichts.

»Aufmachen!«, rief sie. »Lasst den Quatsch! Öffnet sofort die Tür!«

Das Geschrei hinter der geschlossenen Tür verstummte. Nur noch ein leises Jammern war zu hören.

Da brüllte Herr Binder los. »Nun lasst uns endlich rein, hört ihr!«

»Es geht nicht«, sagte jemand hinter der Tür. »Wir kommen nicht ran!«
»Wo kommt ihr nicht ran?«, rief Frau Süßer.
»An ... an die Tür!«
»Und warum nicht?«
»Weil, weil das Stockbett einfach umgestürzt ist. Jetzt liegt es vor der Tür und versperrt uns den Weg!«
»Du liebes Lieschen«, rief Frau Süßer. »Könnt ihr das Bett nicht wegschieben? Das kann doch nicht so schwer sein!«
Zuerst war nur Ächzen und Stöhnen zu hören und dann, ganz atemlos, Theos Stimme: »Es geht nicht. Da hat sich irgendwas total verklemmt.«
Frau Süßer lehnte sich gegen die Tür und fing an zu lachen. »Theo, du Unglücksrabe! Wer ist denn noch mit dir gefangen?«
»Wir! Ich!«, rief es von innen.
Es stellte sich heraus, dass es – natürlich – Rastus, Justus, Dominik und Patrick waren. Sie fanden ihr Zimmer cool und entdeckten zu ihrem Vergnügen, dass die Stockbetten

schwankten wie Kähne auf stürmischer See. Für die Jungs war das, ganz im Gegensatz zu den Mädchen, herrlich und aufregend und sie beschlossen um die oberen Seegangbetten zu kämpfen. Im Verlauf des Kampfes kippte das eine Stockbett um und fiel gegen das andere, so dass nun beide die Tür blockierten.

»Ist das alles?«, forschte Frau Süßer.

»Ja, nur – der Dominik hat sich verletzt. Der blutet«, sagte Rastus. »Aber meine Brille«, versicherte er hastig, »meine Brille ist heil geblieben. Das nennt man Glück im Unglück, nicht wahr?«

»Jjjjaaa«, sagte Frau Süßer gedehnt. »Ist Dominik stark verletzt?«

Drinnen wurde es ruhig. Dann hörte man wieder Theos Stimme: »Och, nur so mittel, würd ich sagen.«

»Ausgerechnet unser zarter Dominik«, sagte Frau Süßer.

»Was machen wir nun?«, fragte Herr Binder.

Frau Süßer sah ihren Kollegen nachdenklich

an, dann hob sie fast unmerklich die Schultern und sagte kühl: »Es gibt nur eine Möglichkeit; ich bin sicher, an die haben Sie auch schon längst gedacht: Wir müssen durchs Fenster klettern. Schließlich liegen ja alle Zimmer zu ebener Erde.«

Herr Binder sah sie bewundernd an. »Daran hab ich nicht gedacht, ehrlich. Toll, Sie sind einfach toll.«

Die Kinder stürmten ins Freie. »Macht euer Fenster auf!«, schrien sie. »Wir kommen, wir retten euch!«

Zum Glück ließ sich das Fenster öffnen.

Marie warf einen Blick hinein, drehte sich dann um und rief: »Frau Süßer, das sieht ja aus! Das sieht aus, wie … ich weiß nicht wie! Meine Mutter würde glatt in Ohnmacht fallen, wenn sie das sehen würde, ehrlich!«

Fatma schubste sie beiseite. »Der Dominik liegt in einer Blutlache!«

»Vielleicht fall ich auch gleich in Ohnmacht«, sagte Frau Süßer. »Macht Platz, dass ich was sehen kann.« Sie beugte sich vor und stieg dann kurzerhand durchs Fenster ins Zimmer.

Nachdem sie sich umgeschaut hatte, ging sie zu Dominik, untersuchte ihn und stellte fest, dass er nur aus der Nase blutete und einen Kratzer an der rechten Hand hatte und keinesfalls im eigenen Blute liegend mit dem Tode rang. »Halb so schlimm«, sagte sie erleichtert und richtete sich auf.

Dann rüttelte sie am Gestell des Stockbetts, rief Herrn Binder und ein paar starke Jungs zu Hilfe und mit vereinten Kräften gelang es ihnen, die Betten wieder aufzurichten. Doch die wackelten so stark, dass Frau Süßer erklärte, kein Mensch im Besitz seiner fünf Sinne könne auch nur einem einzigen Kind erlauben darin zu nächtigen. »Jetzt hab ich genug von der Bruchbude«, sagte sie wütend. »Ich geh rüber und sag den Vischers Bescheid. Die sollen mich mal kennenlernen!«

»Au ja«, sagte Marie. »Da geh ich mit, da will ich dabei sein!«

»Ich auch!«, riefen die anderen.

Im Gasthaus »Zum goldenen Kreuz« war wieder kein Mensch zu sehen; aber auch der Süße ließ sich glücklicherweise nicht blicken.
Dafür hörte man Geräusche aus der Küche.
Frau Süßer marschierte geradewegs darauf zu, riss die Tür auf, schob den Riesenhund, der sich schwanzwedelnd und Spucke sabbernd vor ihr aufbaute, einfach beiseite – was dieser verdutzt geschehen ließ – und rief Vischers, die am Herd standen, zu: »Ich bin vielleicht sauer! Was denken Sie sich eigentlich? Wollen Sie mich ins Gefängnis bringen?«
Herr und Frau Vischer ließen Topfdeckel klappern und Rührlöffel sinken, wischten sich die Hände an den Schürzen ab und kamen näher.
Der Süße knurrte.
»Um was geht's denn?«, fragte Frau Vischer-mit-V.
»Das fragen Sie noch?« Frau Süßer war wirklich sauer. »Was veranlasst Sie lebensgefähr-

liche Betten in Zimmer für Kinder zu stellen?«

»Ach, die Stockbetten«, antwortete Herr Vischer. »Die wackeln ein bisschen. Aber das ist kein Grund zur Besorgnis. Darin schlaft ihr so sicher wie in Abrahams Schoß.«

»Was Sie nicht sagen! Haben Sie schon mal in Abrahams Schoß geruht? Ich noch nicht, ich will auch nicht wissen, wie Sie in Abrahams Schoß schlafen. Ich will nur eins wissen: wie und wo meine Schüler die Nächte zubringen werden – in den Stockbetten jedenfalls nicht! So, und jetzt kommen Sie mal mit!«

Sie blitzte und funkelte den Mann dermaßen wütend an, dass er ihr ohne den geringsten Protest folgte und wie ein begossener Pudel neben ihr stand, als sie so an dem einen Stockbett rüttelte, dass es wieder umzukippen drohte.

»Haben Sie schon mal was von Sicherheitsvorschriften gehört?«, schrie sie den Mann an, schaute auf ihre Uhr und sagte etwas ruhiger: »Zeit fürs Mittagessen, wie ich sehe. Solange wir drüben essen, machen Sie die Zimmer kindersicher, klar? Ich bin verantwortlich für meine Schüler und Sie haben die Verantwortung für Ihr Heim ...«

Sie drehte sich um und ließ Herrn Vischer einfach stehen.

»Junge, das war cool«, sagte Justus bewundernd. »Dem haben Sie's aber gegeben!«

»So kenne ich Sie gar nicht«, meinte Herr Binder. »Ich dachte immer, Sie wären so ruhig und ausgeglichen. Das war fabelhaft!«

»Ach?«, antwortete Frau Süßer nur.

Im Speisesaal waren die Tische gedeckt. Herr Binder ließ sich sofort neben Frau Süßer nieder, aber das war ihr gar nicht recht. »Ach bitte, setzen Sie sich doch zu den Jungen.«

»Muss das sein?«, fragte ihr Kollege und sah sie an.

Doch sie bemerkte diesen Blick nicht, denn Justus rutschte gerade auf den freien Platz an ihrer Seite und verkündete: »Jetzt kann's losgehen!«

Leider kam das Essen nicht sofort. Theo

wurde so ungeduldig, dass er das Salz aus dem Salzstreuer aß. Rastus spritzte sich Maggi in den Mund und Patrick leckte Pfeffer, der so scharf war, dass er husten musste.

Endlich kam Frau Vischer aus der Küche. »Es gibt Pasta!«, verkündete sie stolz. »Das essen alle Kinder gern, nicht wahr?«

Die Spaghetti waren butterweich, an der Soße verbrannte sich niemand die Zunge, der Salat war nass und knirschte zwischen den Zähnen.

»Gibt's keinen Käse?«, fragte Fatma.

Herrn Binder schmeckte das Essen nicht, was er auch lautstark verkündete. Plötzlich fanden alle die Spaghetti eklig, die Soße ranzig und den Salat überhaupt ungenießbar.

Frau Süßer seufzte. »Was haben Sie denn erwartet?«, fragte sie ihren Kollegen. »Ein Fünfsternelokal?«

Der Kollege seufzte noch viel tiefer, schob den Teller beiseite und meinte: »Jetzt eine Tasse Kaffee, das wär doch was! Und dann ein kleiner Mittagsschlaf ...«

»Nicht alle Wünsche gehen in Erfüllung«, meinte Frau Süßer, sprang auf und rief: »Es geht los! Zieht eure Wanderschuhe an, nehmt den Anorak mit! Wir treffen uns in zehn Minuten!«

Die erste Wanderung

Eine Stunde lang ging es nur bergauf. Dann wurden die Ersten müde und fragten: »Wann sind wir da?« und: »Gibt's da oben was zu essen?«

Fatma klagte, ihre Füße seien voller Blasen, und Theo verkündete, er habe einen solchen Durst, dass er den ganzen Bodensee austrinken könne.

Plötzlich griff sich Dominik ans Herz, wurde bleich und hielt sich an Justus' Arm fest.

»Was ist denn los! Ist dir schlecht?«, fragte Justus alarmiert. »Frau Süßer! Schnell! Kommen Sie zu uns!«

Sie legten Dominik hin. Fatma beugte sich über ihn, presste ihr Ohr auf seine Brust und verkündete: »Sein Herz schlägt noch.«

»Das will ich hoffen«, meinte Frau Süßer.

»Dominik, hast du das manchmal? Ist dir übel? Bist du zu schnell gelaufen?«
Dominiks Gesicht sah schon fast wieder normal aus. »Ich hab da so einen Fehler am Herz. An der Klappe, genauer gesagt«, antwortete er. »Wenn ich mich anstrenge, wird mir manchmal schwarz vor Augen. Aber das geht schnell wieder vorbei.«
»Warum hat mir deine Mutter das nicht gesagt? So was ist doch wichtig!«
Dominik stand auf. »So schlimm ist es auch wieder nicht«, meinte er verlegen. »Und sie hat doch gesagt, ich sei ein zartes Kind.«
»Sie hat gesagt, du darfst keine nassen Füße bekommen«, verbesserte Frau Süßer. »Von einem Herzfehler hat sie mir nichts gesagt.« Sie schaute Dominik besorgt an. »Geht es wirklich wieder? Ja? Es ist nicht mehr weit. Wenn wir langsam gehen, schaffst du es. Oder meinst du, wir müssen umkehren?«
»Nein, nein«, sagte Dominik.
»Ich geh mit ihm und passe auf ihn auf«, meinte Fatma.«

Zehn Minuten später hatten sie ihr Ziel erreicht, einen Aussichtsturm, der auf einer Lichtung im Wald stand. Im Inneren des Turms wand sich eine Treppe hinauf bis zu einer Plattform, von der aus man einen herrlichen Blick auf die Tannenwipfel hatte. Mehr sah man nicht, dazu war es zu dunstig, stellten diejenigen fest, die sofort die Treppe hinaufgerannt waren.

Frau Süßer sagte Herrn Binder, er solle auf dem Turm nach dem Rechten sehen, schließlich sei nicht nur sie für die Kinder verantwortlich. Sie setzte sich mit Dominik und Fatma auf eine Bank, packte die Rotkreuztasche aus und wollte Fatmas Blasen sehen.

»Das interessiert mich auch«, meinte Justus. »Außerdem sind meine Beine müde. Ich bleibe bei euch.«

Fatma hatte wirklich an der rechten Ferse eine rote Stelle. Frau Süßer strich ein wenig Salbe darüber und wollte gerade ein Pflaster aus der Tasche holen, als ein Gegenstand haarscharf an Dominiks Kopf vorbeisauste und

mit einem mächtigen Plumps auf dem Boden landete.

»Du liebes Lieschen!«, rief Frau Süßer. »Das war knapp!«

Dominik hob das Ding hoch.

Es war eine dieser großen Eineinhalb-Liter-Wasserflaschen, mit Sand gefüllt und fest zugeschraubt.

Frau Süßers Hand zitterte ein ganz kleines bisschen, als sie nach der Flaschenbombe griff. »Ein Glück, dass ich keinen Herzfehler hab«, sagte sie, stand auf, steckte vier Finger in den Mund und pfiff.

»Das war laut! Der Pfiff hat mir fast die Haare vom Kopf gefegt!«, sagte Justus bewundernd.

»Alle runterkommen! Sofort!«, brüllte Frau Süßer den Turm hinauf.

Als ihre Schüler um sie herumstanden, sagte sie: »Ich will gar nicht wissen, wer auf diese hirnrissige Idee gekommen ist, die Flasche mit Sand zu füllen und vom Turm zu werfen. Aber dass man mit dem Ding einen Menschen hätte erschlagen können, das ist euch doch klar?«

»Das Ding hat aber nicht getroffen«, stellte Theo sachlich fest.

»Zum Glück für uns alle. Wo ist eigentlich Herr Binder?«

Der kam gerade aus dem Wald.

»Jemand hat 'ne Flasche vom Turm oben heruntergeworfen«, sagte er vorwurfsvoll. »Ich konnte gar nicht schnell genug ›Halt! Nicht werfen!‹ rufen.«

»Wir sollten uns auf den Heimweg machen«, meinte Frau Süßer kurz angebunden.

»Wollen Sie am Anfang oder am Schluss gehen?«

Der Heimweg verlief ereignislos. Zum Abendessen gab's Brot mit Wurst und Streichkäse, danach packte Frau Süßer die mitgebrachten Spiele aus. Um halb zehn las sie noch eine Gutenachtgeschichte vor, dann war Schluss.

Die Stockbetten waren aus dem Zimmer verschwunden, dafür lagen nun die Matratzen

auf dem Fußboden. Die Jungs schoben sie zu einem großen Lager zusammen.
Als Frau Süßer und Herr Binder gegen zehn Uhr ihre Runde durch die Zimmer machten, lagen alle brav in ihren Schlafanzügen oder Nachthemden in den Federn.
Herr Binder verschwand für einen kurzen Moment, dann rief er Frau Süßer zu sich und zeigte auf eine geöffnete Flasche Wein und zwei Gläser.
»Ich lade Sie ein«, meinte er schüchtern. »Hier, nehmen Sie Platz.«
»Danke«, sagte sie. »Es wird noch ein bisschen dauern, bis die Kinder Ruhe geben.«
Von überall her war Lachen und Kichern zu hören, nackte Füße huschten über knarrende Dielen, Türen wurden leise geöffnet und laut zugeschlagen. Mehrmals musste Frau Süßer nach dem Rechten sehen, was Herr Binder als störend empfand, denn tief bewegt erzählte er seiner Kollegin seine Lebensgeschichte.
Gegen Mitternacht kehrte dann doch Ruhe ein.

Kurz vor drei Uhr in der Früh schreckte Frau Süßer auf. Sie lauschte – nichts war zu hören. Sie musste sich wohl getäuscht haben.
Schon wollte sie die Decke über die Ohren ziehen, da hörte sie wieder etwas: ein Kichern, leises Lachen – und noch ein Geräusch, das sie sich nicht erklären konnte. Sie schlüpfte in ihre Schuhe und ihren Bademantel, öffnete die Tür – da fiel ihr Herr Binder in die Arme.
»Was machen Sie denn hier? Warum sind Sie nicht in Ihrem Bett?«
»Ich …«, stammelte er. »Ich … ich hatte Sehnsucht nach Ihnen!«
»Sie spinnen!«, fauchte Frau Süßer. »Mir reichen die Probleme, die mir meine Schüler bereiten. Mehr brauch ich nicht, klar?«
In Schlafanzug und Turnschuhen kam Justus aus dem Jungenklo. »Ich habe auf Sie aufgepasst«, erklärte er stolz. »Wenn er Sie gestört hätte, hätte ich Krach geschlagen.«
Frau Süßer fuhr sich durch die Haare und stöhnte. »Du musst doch schlafen!«
Aus Theos Zimmer drang mühsam unter-

drücktes Lachen. Frau Süßer horchte auf. Mit einem Schritt war sie an der Tür, öffnete sie – und erstarrte.

Auf den Matratzen lagerten mehr oder weniger bekleidet Theo, Rastus, Patrick, Dominik und Steffi. In ihrer Mitte saß Claudia. Sie trug noch das linke rote Söckchen. Das war alles.

Als Frau Süßer endlich wieder ihrer Sprache mächtig war, hatte Claudia bereits die Kleider zusammengerafft und wollte sich an ihr vorbeidrücken.

Das war keine gute Idee.

Frau Süßer schlug Krach. Sie schüttete ihren ganzen Ärger über Claudia aus und nahm dabei keinerlei Rücksicht auf etwaige Schläfer.

»Und wer sich von jetzt an nicht anständig benimmt, wer nicht in seinem eigenen Bett liegt, wer nicht schläft und wen ich in einem fremden Zimmer entdecke, den schicke ich heim! Und die Kosten übernehmen die Eltern, ist das klar?«

Alle nickten. Wenn Frau Süßer so wütend war, war nicht mit ihr zu spaßen.

Rastus wagte trotzdem eine Frage: »Dürfen wir noch aufs Klo oder ist das auch verboten?«

Der zweite Tag

Trotz der kurzen Nacht waren alle am nächsten Morgen fröhlich und voller Tatendrang.

»Ich hab mich nicht gewaschen«, verkündete Theo stolz. »Aus der Dusche tröpfelt das Wasser nur und das Waschbecken ist zu klein zum Waschen. Das find ich toll.«

»Ich hab nicht mal die Zähne geputzt«, sagte Justus.

»Ich find's bescheuert, dass wir kein richtiges Badezimmer haben«, meinte Fatma. »Wenn ich wieder zu Hause bin, jagt mich meine Mutter bestimmt zuallererst in die Badewanne. Die meint, ohne Sauberkeit kann der Mensch nicht überleben.«

Dominik nickte. »Meine denkt genauso. Manchmal besprüht sie alle Türklinken mit 'nem Desinfektionsspray.«

Theo schüttelte verständnislos den Kopf. »Was, solche Mütter habt ihr? Meine sieht das viel lockerer. Die sagt, Dreck stärkt die Widerstandskräfte.«

»Gut für dich«, stellte Dominik neidvoll fest.

Beim Frühstück fielen sie über die frischen Brötchen her, schmierten fingerdick Haselnusscreme darauf und waren beleidigt, weil sie davon keine zweite Portion bekamen.

»Nur von der roten Wassermarmelade können wir essen, so viel wir wollen«, sagte Marie beleidigt zu Frau Süßer. »Und haben Sie schon die Haut auf meinem Kakao gesehen? Igitt!«

»Haut ist gut!«, rief Theo rüber. »Die ess ich, die macht stark!«

Herr Binder kam, als alle satt waren.

»Haben Sie verschlafen?«, fragte Rastus.

»Ich habe meinen Wecker nicht gehört«, entschuldigte er sich und setzte sich so dicht neben Frau Süßer, dass sie sofort aufstand und ihn anfunkelte: »Sie müssen schnell essen, in zehn Minuten steht der Bus vor der Tür.«

»Welches Programm erwartet uns denn heute?«, wollte Herr Binder wissen.

»Heute Morgen machen wir eine Wanderung durch die Schlucht, dann kommen wir wieder hierher, essen zu Mittag und gegen drei Uhr fahren wir ins Hallenbad. Ich denke, wir haben die einzelnen Punkte miteinander abgesprochen; wissen Sie das nicht mehr?«

»Ich habe Kopfschmerzen«, antwortete er und schluckte eine kleine weiße Tablette.

Justus schaute seine Lehrerin mitleidig an. »Der ist keine große Hilfe, stimmt's? Aber auf mich können Sie sich verlassen.«

»Das weiß ich«, antwortete Frau Süßer. »Vielen Dank, Justus.«

Die Fahrt zur Schlucht dauerte nicht lange. Am Eingang war ein Kartenhäuschen. Frau Süßer bezahlte für alle; das dauerte eine ganze Weile, denn der Mann hinterm Fensterchen hatte Mühe, den Preis für einundzwanzig Kinder plus zwei Begleitpersonen minus eine Freikarte auszurechnen.

Die Kinder schauten sich so lange die Ansichtskarten an, kauften Eis am Stiel und in der Tüte und begutachteten die Schmucknadeln, die man sich an die Wanderhüte stecken konnte.

»Also, das Edelweiß find ich echt cool«, sagte Claudia. »Aber der Spazierstock mit dem Rucksack, der ist Kitsch. Wie findest du die Alpenrose?«

»Es geht so«, meinte Marie. »Kaufen würd ich mir so einen Anstecker nicht.«

Aber Herr Binder. Er kaufte tatsächlich die rosa Alpenrose. Das wunderte alle, denn er hatte gar keinen Wanderhut!

Der Mann an der Kasse hatte inzwischen Frau Süßer den Eintrittspreis genannt und ihnen endlich die Karten herübergeschoben: »Der Winter war lang und wir hatten viel Schnee. Der Fluss ist durch das Schmelzwasser sehr angeschwollen, deshalb ist der Weg durch die Schlucht erst seit vergangenen Samstag wieder frei. Passen Sie auf Ihre Schüler auf, die Sache ist nicht ganz ungefährlich«, warnte er noch.

Frau Süßer drehte sich um. »Habt ihr's gehört? Ihr dürft keinen Unsinn machen, ich muss mich auf euch verlassen können.«

Alle nickten brav, gingen auch noch sehr gesittet durch das Drehkreuz, aber dann war der Weg hinunter in die Schlucht einfach zu verlockend: Er war steil und wunderbar glatt, so richtig geeignet zum Schlittern. Marie, Fatma, Claudia, die Zwillinge, Patrick und Theo waren nicht zu bremsen.

»Cool, einfach supercool«, schrien sie und forderten die anderen auf, es ihnen nachzumachen.

»Komm doch endlich, Dominik«, rief Fatma von unten. Dominik gab sich einen Ruck – und knallte sofort auf den Hosenboden.

Alle lachten.

Das ärgerte Dominik; er nahm seinen Mut zusammen und kam ganz passabel und gleichzeitig mit Frau Süßer unten an.

»Sind wir vollzählig?«, fragte sie.
»Herr Binder fehlt«, sagte Justus. »Der steht noch ganz oben.«
»Ich denke, der ist sportlich?« Marie kicherte. »Der stellt sich vielleicht an. Wenn wir ein Seil hätten, könnten wir ihn herunterlassen.«
Jetzt lachte auch Frau Süßer über ihren Kollegen. »Der schafft den Weg auch alleine. Kommt, jetzt geht's erst richtig los.«
Der Fluss floss in einem breiten Bett und sah noch ganz harmlos aus. Aber der Weg hatte es von Anfang an in sich. Es ging über Leitern und Treppen aufwärts, sie mussten über Felsbrocken und dicke Wurzeln steigen, hielten sich gegenseitig und am wackligen Geländer fest und fanden alles aufregend und spannend.
Die Schlucht verengte sich mehr und mehr, der Fluss schäumte und gurgelte. Schließlich erreichten sie eine Stelle, an der eine schmale eiserne Brücke über das Wasser führte.
»Huch, ist das rutschig«, sagte Theo erfreut.

Justus hielt sich dicht hinter Frau Süßer, Dominik setzte ängstlich einen Fuß vor den anderen, aber alle erreichten das andere Ufer ohne Schwierigkeiten.
»Herr Binder fehlt schon wieder«, stellte Justus fest. »Mit dem sind wir echt aufgeschmissen; ständig müssen wir auf ihn aufpassen.«
Frau Süßer schimpfte leise vor sich hin und pfiff wieder mal durch die Finger. Alle riefen »Hallo!« und »Wo sind Sie?« und »Wir wollen weiter!«, aber Herr Binder tauchte nicht auf.
Zu allem Unglück begann es zu tröpfeln und die Schlucht füllte sich mit Nebel, der alle Umrisse verschwimmen ließ und die Sicht gewaltig beeinträchtigte. Aus den Tropfen wurde schließlich Regen und Frau Süßer trommelte mit den Fingern ungeduldig auf das Brückengeländer. »Es hilft alles nichts«, sagte sie nach einer Weile. »Wir können nicht ewig auf ihn warten. Ich geh noch mal zurück. Ihr macht keinen Unsinn, klar?«
»Klar«, versicherte die ganze Klasse eifrig.

Als Frau Süßer die Brücke überquerte, sagte Justus: »Wir können sie nicht alleine lassen, wer weiß, was da passieren kann.«
Die anderen waren ganz seiner Meinung und folgten ihm. Als Frau Süßer die andere Seite des Flusses erreicht hatte, stand ihre Klasse wieder geschlossen neben ihr.
Sie gingen den Weg zurück und zurück und zurück und endlich, am Fuß der allerersten Leiter, entdeckten sie Herrn Binder. Wie ein Häufchen Elend stand er da und sagte kläglich: »Da komm ich nicht hinauf. Ich ... ich komm auf keine Leiter.«
»So 'ne Niete«, sagte Theo verächtlich.
»Sie haben zu mir gesagt, Sie seien sportlich und trainiert und kämen auf jeden Berg. Mann, was soll ich nur mit Ihnen anfangen?« Frau Süßer war sauer.
»Ich komme auf jeden Berg«, verteidigte sich der sportliche Kollege. »Aber eine Leiter ist etwas ganz anderes.«
Dominik nieste.
»Es regnet«, stellte Marie sachlich fest.

»Dominik darf keine nassen Füße bekommen, es regnet, der Bus holt uns erst –« Frau Süßer schaute auf ihre Uhr – »in einer Stunde und fünfunddreißig Minuten ab und Sie stehen da unten und kommen nicht hoch.«
»Auf mich müssen Sie keine Rücksicht nehmen«, sagte Herr Binder tapfer. »Aber trauen Sie es sich zu, mit dieser Bande allein die Schlucht zu durchqueren?«
»Wir sind im Allgäu und nicht im wilden Turkestan«, sagte Frau Süßer. »Machen Sie es sich hier ruhig gemütlich, in etwa einer Stunde holen wir Sie wieder ab, einverstanden?«

Die Schlucht

Sie stiefelten erneut los.
Justus drängelte sich neben Frau Süßer und sagte vorwurfsvoll: »Ich hab Sie ja gewarnt. Ohne Herrn Binder hätten wir's leichter.«
Frau Süßer lachte und wuschelte durch seine Haare. »Klar hätten wir's leichter ohne ihn. Aber wir brauchen nun mal eine männliche Begleitperson und ein anderer Kollege war so schnell nicht abkömmlich.«
»Es sind immer die Nieten, die Zeit haben«, stellte Justus fest.
»Hier hört der Weg auf!«, schrie Rastus.
»Macht mal Platz und lasst mich vor«, sagte Frau Süßer und sah sich die Bescherung an: Ein Bergrutsch hatte den Weg verschüttet. Über ihnen war der steile, rutschige Hang, unter ihnen brodelte das Wasser.

»Tarzan«, sagte Rastus, »wenn wir Tarzan wären und eine Liane hinge von diesem Baum, dann könnten wir uns zu dem Baum da drüben schwingen. Aber so …«

»Wir sind nicht Tarzan und an keinem einzigen Baum hängt eine Liane«, meinte Frau Süßer. »Also müssen wir zurück. Schade, denn ein kleines Stück weiter wären wir am Ziel gewesen.«

»Wenn wir den Berg hochklettern und uns einen Weg trampeln …«, meinte Theo nachdenklich.

»Ja, und abrutschen, dann baden wir in diesem Hexenkessel«, ergänzte Fatma, beugte sich vor und schaute in den brodelnden Fluss hinab.

Sie beugte sich ein wenig zu weit vor, verlor das Gleichgewicht, schrie »Hilfe, Hilfe!«, ruderte wild mit den Armen und bekam Maries Hand zu fassen. Marie stieß Rastus an, der dicht hinter ihr stand – und auf einmal flog dessen Brille durch die Luft.

Zum Glück fiel sie nicht ins Wasser, sondern

blieb zwei, drei Meter unter ihnen an einer Baumwurzel hängen.
Frau Süßer hielt sich an einem Strauch fest, um hinunterzusteigen, aber das ging nicht: Der Hang war zu steil, die Erde zu locker. Frau Süßer rutschte und rutschte, und wenn der Zweig abgebrochen wäre, wenn Justus und Theo und Patrick sie nicht mit aller Macht am Anorak gepackt hätten, dann wäre sie in die Fluten gestürzt. Sie halfen ihr auf den Weg zurück.
Das Ganze war ein verdammtes Unglück. Ohne seine Brille war Rastus so gut wie blind. Also musste die Brille gerettet werden. Aber wie?
Es regnete immer stärker.
Dominik nieste und nieste.
»Wenn wir ein Seil hätten«, sagte Justus nachdenklich, »dann könntet ihr es mir um den Bauch binden und mich daran hinunterlassen. Das ginge ganz leicht.«
»Wir haben weder ein Seil noch eine Liane«, antwortete Frau Süßer.

»Aber wir haben Anoraks!«, rief Theo. »Mann, das ist doch ’ne völlig coole Sache, wir knüpfen die Anoraks an den Ärmeln zusammen und haben ein Seil!«
»Hm …« Frau Süßer war nicht überzeugt. »Wem fällt was Besseres ein?«
Sie überlegten dies und das, aber eine bessere Idee gab es einfach nicht.
Frau Süßer, Theo und Justus zogen ihre Anoraks aus und knüpften Ärmel an Ärmel. Weil Marie die Kleinste und Dünnste von allen war und außerdem überhaupt keine Angst hatte, band Frau Süßer einen Ärmel mit einem großen Taschentuch an ihrem rechten Handgelenk fest. Sie überzeugte sich mehrmals, dass alle Knoten fest zugezurrt waren, dann ließ sie Marie vorsichtig hinuntergleiten.
Dominik nieste und hielt sich an Fatma fest. Justus hatte Frau Süßers Gürtel hinten an ihrem Rücken fest im Griff und Theo umklammerte ihre Beine.
»Wahnsinn«, sagte Claudia andächtig. »Ich

hätte nie gedacht, dass unser Schullandheim so aufregend wird!«

Niemand antwortete ihr.

Jetzt war Marie der Brille ganz nahe, jetzt ging sie in die Knie, jetzt beugte sie sich vor und rief: »Ich hab sie!« Sie schob die Brille in ihre Jackentasche, machte den Reißverschluss zu, richtete sich auf und dann kam der schwierigste Teil: Sie musste hochgezogen werden. Justus und Theo hielten Frau Süßer, die zog, und Marie half mit Händen und Füßen nach.

Sie war oben. Sie hatte die Brille.

»Und das alles hat Herr Binder versäumt«, meinte Dominik und nieste erneut. »Klare Sicht?«

Rastus nickte. »Mann, bin ich froh«, meinte er erleichtert.

»Wir auch«, bestätigte Frau Süßer aus vollem Herzen. »Auf weitere Überraschungen kann ich aber verzichten.«

»Vielleicht finden wir Herrn Binder nicht mehr?«, überlegte Justus hoffnungsvoll.

»Vielleicht ist er verschwunden und kommt nie wieder?«

»Keine Bange«, antwortete Claudia. »Der wartet auf uns, so einen wird man nicht los.«

Claudia hatte Recht. Herr Binder wartete und rief ihnen schon von weitem entgegen: »Warum trödelt ihr so? Der Bus ist bestimmt schon da!«

»Na, war's langweilig?«, fragte Justus.

»Ein bisschen«, gab er zu. »Und wie war's bei euch?«

Zum Mittagessen gab es Linsen mit Würstchen. Herr Binder sagte wenig und aß viel. Im Hallenbad zeigte er dann, wie sportlich er war. Er schwamm wie ein Fisch und versuchte sogar einen Spicker. Dabei knallte er mit dem Bauch aufs Wasser. Danach saß er am Beckenrand, gab gute Ratschläge und ließ Frau Süßer kaum aus den Augen. Die trug einen knallroten, hautengen Badeanzug und sah darin total cool aus, fanden alle. Und schwimmen konnte sie sowieso am besten von allen.

Abends waren sie ziemlich müde, so dass Frau Süßer nach zehn Uhr höchstens ein Dutzend Mal aus dem Bett steigen und nach dem Rechten sehen musste, bis schließlich Ruhe eingekehrt war.

Der dritte Tag

Am nächsten Morgen fuhren sie mit dem Bus in den Nachbarort, machten einen Stadtbummel und spielten Minigolf.

Auf der Rückfahrt begann es zu regnen. Es regnete und regnete, zwischendurch schneite es sogar und überhaupt war das Wetter so unfreundlich, dass man keinen Hund ins Freie gejagt hätte. Also blieben sie im Haus, lasen, spielten und schrieben Ansichtskarten an die Eltern. Am Spätnachmittag begannen sie den Aufenthaltsraum mit Girlanden und Papierblumen zu schmücken.

Danach verzogen sich die Mädchen in ihre Zimmer.

»Die machen sich jetzt schön«, sagte Theo mit Kennermiene. »Die werden wir nicht mehr wiedererkennen, so schminken die sich.«

Patrick holte das Tipp-Kick-Spiel, legte sich neben Theo auf den Fußboden und sie vertieften sich in ihre Matches.
Nach geraumer Zeit bog Rastus um die Ecke.
»Kann mir einer sagen, wo Justus steckt? Ich kann ihn nirgends finden, er ist schon seit einer Ewigkeit verschwunden.«
»Frag Frau Süßer«, antwortete Patrick, ohne aufzuschauen.
»Die hab ich auch schon gesucht, die ist ebenfalls weg. Und Herr Binder auch«, antwortete Rastus.
Die beiden hörten auf zu spielen.
»Komisch«, meinte Theo nachdenklich. »Da steckt bestimmt etwas dahinter. Lasst uns Detektive spielen!«
Sie schauten zuerst in die Mädchenzimmer, wurden aber mit lautem Geschrei wieder verjagt.
Auch in den Toiletten, den Duschen und den Zimmern der beiden Lehrer war niemand zu finden.
»Dann müssen wir wohl oder übel drüben im

Haus weitersuchen.« Theo schüttelte bedenklich den Kopf. »Wenn da bloß nicht der süße Köter auf uns lauert.«

»Dann können wir immer noch umkehren«, sagte Rastus und rückte seine Brille gerade. »Kommt ihr?«

Sie hatten Glück; Herr Vischer und sein Hund waren nicht zu sehen, Frau Vischer war in der Küche und las Zeitung. Sie schaute auf. »Ist was?«

»Haben Sie unsere Lehrerin gesehen?«, fragte Theo.

»Die hat schon vor ’ner ganzen Weile das Haus verlassen. Der Kollege ist ihr nachgegangen und dann ist einer von euch den beiden hinterhergerannt.«

Die Jungen schauten sich an. Rastus fingerte wieder an seiner Brille herum, Dominik nieste.

»Bei dem Wetter«, sagte Theo leise. »Wohin sind sie denn gegangen?«

»Woher soll ich das wissen? Vielleicht in die kleine Hütte am Waldrand.«

»Sollen wir …?«, fragte Patrick.
»Klar!«, antwortete Rastus entschieden.
»Zieht euch was an!«, rief ihnen Frau Vischer hinterher. »Und nehmt 'nen Regenschirm mit!«
Sie zogen ihre Gummistiefel an, rissen die Anoraks vom Haken und rannten los. Zum Glück war es noch hell, doch das Regenwetter machte ihnen schwer zu schaffen. Theo rutschte dauernd aus, Rastus' Brillengläser hingen voller Regentropfen und nahmen ihm die Sicht und Dominik kam aus dem Niesen nicht heraus. Da bekamen es die anderen mit der Angst zu tun und schickten ihn zurück.
Das war Dominik nicht unrecht.
Der Rest rannte weiter. Als sie schon beinahe den Waldrand erreicht hatten, kam ihnen Frau Süßer mit einem so finsteren Gesicht entgegen, dass sie erschrocken stehen blieben.
»Was tut ihr hier draußen im Regen?«, fragte sie nur und eilte weiter.
»Die hat ein Gespenst gesehen«, meinte Theo.

»Himmel, schaut die böse aus, ich hab fast Angst vor ihr bekommen.«

Sie gingen langsam weiter.

Rastus putzte seine Brille, setzte sie auf und schaute sich um. »Ist das nicht Justus?«, rief er erstaunt.

Nicht weit von ihnen entfernt stand Justus an einem Baum und winkte sie aufgeregt zu sich. Als sie ihn erreicht hatten, legte er den Finger an den Mund und flüsterte: »Mensch, das war was! Zuerst ging Herr Binder zu Frau Süßer und schenkte ihr den Alpenrosenanstecker. Das machte sie wütend. Sie hat ihn angeschrien, hat ihren Mantel genommen und ist losgerast. Herr Binder ist hinterhergerannt, musste allerdings erst noch seine Schuhe anziehen und hat sie deshalb erst hier draußen eingeholt. Dann …«

»Woher weißt du das alles?«, fragte Theo.

»Ich hab sie doch die ganze Zeit bewacht«, antwortete Justus. »Das war wichtig, weil Herr Binder sie liebt. Aber sie liebt ihn nicht, ist doch klar! Jedenfalls bin ich ihnen gefolgt.

Sie haben dann diese Hütte da drüben entdeckt und sind reingegangen. Drinnen haben sie gestritten. Und dann –«

»Hast du sie beobachtet?«, fragte Patrick.

Justus nickte. »Sie haben die Tür nicht richtig zugemacht; als ich mich angeschlichen hab, konnte ich reinschauen. Ich habe alles gesehen und alles gehört«, versicherte er stolz.

»Was hast du gesehen und gehört?«, wollte Theo wissen.

Justus grinste. »Frau Süßer hat ihm gesagt, er solle sich zum Teufel scheren und sie gefälligst in Ruhe lassen, er sei doof und eklig und sonst noch was, und –«

»Das hat sie gesagt?«, rief Rastus ungläubig.

»So was Ähnliches hat sie gesagt«, bestätigte Justus. »Sie hat ihn völlig fertiggemacht. Dann ist sie gegangen und er ist allein in der Hütte geblieben. Wollt ihr ihn sehen? Kommt mit, aber seid leise!«

Sie pirschten sich vorsichtig an. Aus der Hütte drang kein Laut. Die Tür war angelehnt.

Justus legte sich auf den Boden, spähte durch den Spalt, schüttelte den Kopf, öffnete die Tür ein bisschen weiter, stand auf und sagte verwundert: »Er ist nicht mehr drin. Er muss weggegangen sein, als wir uns getroffen haben. Aber wo ist er hingegangen?«

»Der ist heimgegangen«, sagte Patrick.

»Ich weiß nicht«, sagte Justus zögernd.

»Vielleicht hat er einen Umweg gemacht«, meinte Theo. »Ich bleib aber auf keinen Fall hier in der Nässe stehen und ich geh auch nicht in den Wald, um ihn zu suchen. Wenn er Frau Süßer wäre, dann ja. Aber so? Nö. Macht, was ihr wollt, ich geh zurück.«

Alle teilten Theos Meinung, zudem es dunkler und immer dunkler wurde.

Der letzte Abend:
Der Anfang

»Habt ihr unser Fest vergessen?«, rief ihnen Marie entgegen. »Wir wollten schon längst anfangen! Wo wart ihr denn?«
»Draußen«, antwortete Theo. »Ist Herr Binder hier?«
»Nein«, sagte Frau Süßer. »Aber wir warten nicht auf ihn. Es macht nichts, wenn er ein bisschen später kommt.«
»Ist mir recht«, meinte Justus. »Auf den können wir verzichten.«
Frau Süßer war viel zu beschäftigt, um ihn zurechtzuweisen. Sie lobte Dominik und Fatma, die die Getränke und Knabbereien bereitgestellt hatten, und kontrollierte die Musikanlage. Nachdem alles ihre Zustimmung gefunden hatte, erklärte sie das Fest für eröffnet.

Zuerst führten die Zwillinge einige ihrer berühmten Sketche vor: Mord und Totschlag im Park, Sturz aus dem Hochhausfenster und Überfall im Zugabteil. Alle waren begeistert.
»Wir haben noch einen Sketch, den fand Herr Jonathan nicht so gut. Aber wir finden ihn sehr gut. Dürfen wir ihn vorführen?«, fragte Rastus, nachdem alle geklatscht hatten.
»Wie heißt er denn?«, fragte Frau Süßer vorsichtig.
»Wem gehört der Po!«, rief Theo vorlaut.
»Das klingt ziemlich unanständig«, meinte Frau Süßer.
»Der Sketch ist aber überhaupt nicht unanständig«, versicherte Rastus. »Er ist nur lustig, wirklich, Frau Süßer.«
»Also gut«, meinte sie nach kurzem Überlegen. »Wenn ihr etwas Unanständiges zeigt, knipse ich das Licht aus, einverstanden?«
Sie waren noch mit den Vorbereitungen beschäftigt, als die Tür aufgerissen wurde und Herr Binder auf der Bildfläche erschien: völlig durchnässt und mit einem Gesicht, das, so

fand Marie, total daneben war. Dicht hinter ihm drängte der Süße ins Zimmer.

»Raus!«, schrien alle.

Der Süße ließ sich nicht stören. Seelenruhig tappte er herein, schnupperte zuerst an der Musikanlage herum, beschnüffelte danach die Getränkeflaschen, bis er schließlich die Salzstangen und die Chips entdeckte. Mit einem Haps verschlang er den Inhalt einer ganzen Schüssel.

»Was fällt dir ein!«, rief Theo. »Die gehören uns!« Er war so wütend, dass er den Süßen am Halsband packte, um ihn aus dem Zimmer zu zerren.

Damit war der Süße aber nicht einverstanden. Er knurrte und sperrte das Maul auf.

Doch Theo ließ sich nicht einschüchtern, brüllte »Raus!« und »Verschwinde!« und »Du blöder Köter!«, bis es dem blöden Köter tatsächlich zu dumm wurde.

»Dreh den Schlüssel um!«, rief Herr Binder. »Das Mistvieh kann die Klinke herunterdrücken!«

»War er in Ihrem Zimmer?«, fragte Fatma neugierig. »Hat Sie der Hund dort besabbert oder haben Sie geheult?«
Herr Binder fuhr sich mit dem Jackenärmel übers Gesicht.
»Sie sollten sich schleunigst umziehen«, meinte Frau Süßer. »Sie holen sich sonst die schlimmste Erkältung.«
»Das wäre mir gerade recht«, meinte Herr Binder traurig. »Außerdem geh ich nicht aus dem Zimmer, solange das Ungeheuer im Haus ist.«
»Männer ...!«, sagte Frau Süßer, ging raus und rief: »Sie können kommen, der Hund ist nirgends zu sehen!«

Der letzte Abend: Die Mitte

Wenig später kam Herr Binder in einem Trainingsanzug zurück.

»Ist der aus der Mottenkiste?«, fragte Theo. »Den würde nicht mal mein Opa anziehen!«

Herr Binder konnte nichts erwidern, denn die Zwillinge erklärten gerade ihre Vorbereitungen für beendet.

Dominik und Patrick hielten eine Wolldecke an zwei Zipfeln, hoben sie bei »Jetzt!« so weit hoch, dass jeder die nackten Beine und Pos der Zwillinge sehen konnte, und fragten: »Wer ist Rastus, wer ist Justus?«

Da brüllten alle vor Lachen und Frau Süßer knipste schnell das Licht aus.

»Was war denn daran unanständig?«, fragte

Theo erstaunt. »Wir haben doch alle einen Po!«

»Wickelt euch in die Decke!«, rief Frau Süßer. »Wenn ihr fertig seid, mache ich das Licht wieder an!« Sie lachte aber, drehte die Musik auf volle Lautstärke und fragte: »Wer tanzt mit mir?«

Justus überlegte keine Sekunde. »Ich! Ich tanze mit Ihnen! Warten Sie, ich muss nur noch meine Hose hochziehen!«

Es wurde sehr lustig.

Frau Süßer machte zuerst mit ihnen eine Polonaise durchs ganze Haus. Danach gab sie jedem Paar einen Tennisball, den musste man zwischen die Stirn klemmen und tanzen, bis er herunterfiel. Dominik, der mit Fatma tanzte, gefiel das so gut, dass er um eine Zugabe bat. Fatma fand die Zugabe öde. Sie setzte sich zu Patrick. Als sie »Die Reise nach Jerusalem« spielten, war Dominik sofort wieder an ihrer Seite.

Herr Binder drängelte sich hinter Frau Süßer und hielt sich an ihrem Pulli fest.

Das ärgerte Justus. Das ärgerte ihn dermaßen, dass er Herrn Binder den Stuhl unterm Hintern wegzog, als die Musik mal wieder aufhörte. Herr Binder landete auf dem Fußboden.
Justus beugte sich besorgt über ihn: »Haben Sie sich wehgetan? Das ist ja vielleicht ein gefährliches Spiel! Wenn man da nicht aufpasst, sitzt man mir nichts, dir nichts zwischen zwei Stühlen und landet auf dem Hosenboden!«
Herr Binder war sauer. Da er aber schon die ganze Zeit über sauer war, regte sich keiner auf. Sie spielten weiter, bis nur noch ein Stuhl und zwei Kinder, Fatma und Dominik, übrig waren. Dominik hatte Glück und konnte sich auf den letzten Stuhl setzen.
Das ärgerte Fatma. »Du hättest mich gewinnen lassen können«, schrie sie. Sie setzte sich wieder zu Patrick und redete kein Wort mehr mit Dominik.
Das fiel aber auch niemandem auf, denn zu ihrer Überraschung brachten Vischers einen riesigen Topf mit Würsten.
»Spende des Hauses!«, erklärte Herr Vischer

und stellte Senf, Essiggurken und einen Korb Brötchen dazu.
»Vielen Dank!«, rief Theo. »Wie viele Würste bekommt jeder?«
»Wir haben ein Paar pro Person gerechnet, aber besonders Hungrige können auch zwei Paar bekommen«, sagte Frau Vischer stolz.
»Wir sind alle besonders hungrig«, erklärte Rastus.
Frau Vischer verteilte die Würstchen. Während sie aßen, war es ziemlich ruhig, bis Theo plötzlich fragte: »Wo ist eigentlich Dominik?«
Alle sahen sich um – Dominik fehlte.
»Der ist auf dem Klo«, meinte Justus.
Sie warteten ein bisschen, aber Dominik kam nicht.
Ein letztes Paar Würstchen schwamm im trüben Wasser.
»Die werden kalt«, meinte Marie.
»Die sind kalt«, sagte Fatma.
»Ich schau mal nach, ob er in seinem Zimmer ist«, sagte Rastus und schob die Brille hoch.
»Ich geh mit«, erklärte Justus.

Dominik war nicht auf dem Klo, nicht im Zimmer und nicht im Bad. Er war nicht im Haus und nicht vor der Tür. Er war verschwunden.

Unbehaglich schauten sie einander an.

»Seine Anoraks sind da, seine festen Schuhe sind da, nur der Kerl fehlt«, stellte Frau Süßer fest.

»Der darf doch keine nassen Füße bekommen«, sagte Marie leise.

»Weiß denn niemand etwas …?«, fragte Frau Süßer. »Haben Sie auch nichts gesehen, Herr Binder?«

Der schüttelte den Kopf. »Ich habe nur gehört, wie Fatma ihn angeschrien hat. Er hat sich in eine Ecke verkrümelt, ein bisschen geweint, und kurz bevor die Würstchen gebracht wurden, ist er rausgegangen.«

»Herr Binder!« Wütend starrte Frau Süßer ihren Kollegen an. »Das sagen Sie erst jetzt? Sie hätten ihm sofort folgen müssen! Wer hat eine Taschenlampe? Wir müssen ihn suchen!«

Niemand hatte eine Taschenlampe.

»Es muss auch so gehen.« Frau Süßer zog Schuhe und Mantel an. »Justus und Theo, ihr kommt mit. Die anderen bleiben hier; und Sie, Herr Binder, passen auf. Alles klar?«

Es war stockdunkel. Es gab keine Hofbeleuchtung und keine Straßenlaterne, schließlich waren sie sozusagen in freier Natur.

»Wenn man den Mond mal bräuchte, hängt er nicht am Himmel«, schimpfte Justus und hielt sich an Theo fest, bis sich seine Augen an die Dunkelheit gewöhnt hatten. Sie rannten los, traten in Pfützen, rutschten auf dem Matsch aus, stolperten und riefen »Dominik!« und »Hallo!« und »Wo bist du?«.

Immer wieder blieben sie stehen, lauschten und versuchten trotz der Dunkelheit etwas zu sehen.

»Da!«, schrie Theo auf einmal. »Da ist ein heller Fleck! Da vorne, da, da muss auch der Bach sein!«

Sie rannten auf den Fleck zu – und wirklich, es war nicht nur ein heller Fleck, es war Dominik in seinem hellen Pulli.

Er stand am Bach.
»Was fällt dir ein einfach zu verschwinden!«
Frau Süßer packte ihn am Arm.
Dominik machte sich los.
»Du kommst sofort mit uns ins Haus!«
»Nein«, sagte Dominik. »Ich komm nicht mit. Ich komm nie wieder zurück.«
»Sei kein Esel«, sagte Theo. »Meinst du, wir wollen wegen dir erfrieren?«
Dominik nieste.
»Da hast du's«, meinte Justus vorwurfsvoll. »Jetzt hast du den Schnupfen. Warum bist du überhaupt raus, ohne Anorak und ohne richtige Schuhe?«
»Weil ... weil ...«, Dominik schniefte, nieste, zog die Nase hoch.
Frau Süßer gab ihm ein Taschentuch. »Weil – was?«
Dominik schluckte mehrmals. Dann sagte er ganz leise: »Fatma hat gesagt, dass sie nicht mehr meine Freundin ist ...«
Eigentlich hätte Frau Süßer auf Dominiks Seelenkummer Rücksicht nehmen und ihn trös-

ten müssen. Stattdessen brüllte sie ihn an: »Das gibt's doch nicht! Das muss 'ne ansteckende Krankheit sein: Zuerst verliebt sich Herr Binder und bildet sich Wunder was ein, jetzt bist du verliebt, und wenn noch ein Dritter meint, er sei verliebt, fahr ich endgültig aus der Haut! Schluss mit dem Blödsinn! Du benimmst dich wie ein normaler Mensch und kommst sofort mit! Keine Widerrede, ist das klar? Los, beeil dich, du klapperst ja schon mit den Zähnen!«

Justus legte seine Hand auf Frau Süßers Arm und sagte behutsam: »Ich ... Ich bin trotzdem ein normaler Mensch, Frau Süßer. Sie können in Ihrer Haut bleiben.«

Der letzte Abend: Das Ende

Dominik musste sofort seine Kleider wechseln, die Haare föhnen und eine Tablette gegen Erkältung schlucken.

Solange er im Bad war, nahm Frau Süßer Fatma beiseite und redete ein ernstes Wort mit ihr. »Du weißt doch, dass er ein zarter Junge ist«, meinte sie. »Du musst ihn deshalb auch zart behandeln, weißt du.«

Fatma nickte. »Soll ich mit ihm tanzen? Ich meine, ich kann's ja tun, aber der Rastus tanzt viel besser. Und lustiger ist er auch.«

»Ich fände es gut, wenn du Dominik entgegenkommen würdest«, meinte Frau Süßer.

Fatma nickte wieder. »Manchmal muss man was tun, was man nicht gerne tut. Aber wenn's vernünftig ist ...«

»Es ist das Beste, was du für Dominik und für uns tun kannst«, antwortete Frau Süßer ernst.

Fatma nickte zum dritten Mal. »In Ordnung.«

Sie wollte zurück in den Aufenthaltsraum gehen, da fiel ihr noch etwas ein. »Warum tanzen Sie dann nicht mit Herrn Binder?«

Frau Süßer stutzte. Sie rieb sich die Stirn, fuhr sich durch die Haare und lachte ein bisschen. »Ja … warum? Weißt du, Fatma, Herr Binder ist ein Erwachsener, den muss man anders behandeln als einen Jungen wie Dominik. Verstehst du das?«

Fatma dachte nach. »Zu einem Erwachsenen muss man brutaler sein, stimmt's? Der hat schon 'ne dickere Haut. Unsere Häute sind noch feiner und Dominik ist ja auch ein besonders zarter Kerl. Also – ich tanz mit ihm, Sie können sich auf mich verlassen.«

Als Dominik mit trockenen Haaren und trockenen Kleidern in den Aufenthaltsraum kam, war das Licht ganz heruntergedimmt.

Marie hatte eine Kassette mit sanfter Musik eingelegt und alle saßen im Kreis.
Da stand Fatma auf, trat zu Dominik, legte ihre Hände auf seine Schultern und fragte: »Magst du mit mir tanzen?«
Dominik zuckte zurück. Dann lächelte er langsam, sein ganzes Gesicht begann zu strahlen, er nickte. Alle schauten zu, wie die beiden mit ernster Miene tanzten.
Als die Musik zu Ende war, sprang Theo als Erster auf. »He, Dominik, da sind noch zwei eiskalte Wasserleichen! Die sind für dich, aber wenn du sie nicht essen willst, dann verdrück ich sie. Lieber opfere ich mich, als dass der süße Köter sie zwischen die Beißer bekommt. Alles klar, Mann?«

Wegen der ganzen Aufregungen wurde es an diesem Abend später, als Frau Süßer lieb war.
Sie mussten noch alles aufräumen, denn am Morgen hatten sie dafür keine Zeit mehr, der Bus sollte um halb neun, also gleich nach dem

Frühstück, vor der Tür stehen. Erst kurz nach Mitternacht war es so weit: Alle lagen in ihren Betten oder auf den Matratzen.

Frau Süßer machte zum letzten Mal die Runde durch die Zimmer, wünschte eine gute Nacht, zog Bettdecken hoch und öffnete Fenster, damit sie nicht in ihrem Mief schlafen mussten.

Als sie bei Justus angelangt war, setzte der sich auf, schaute sie sehr ernst an und flüsterte so leise, dass allein sie ihn verstehen konnte: »Ich finde es schade, dass Sie nur bei den anderen beiden die ansteckende Krankheit entdeckt haben. Ich finde das sehr schade für mich, ehrlich.«

»Das täuscht«, antwortete Frau Süßer noch leiser und deckte ihn besonders sorgsam zu.

Der Morgen danach

Als Frau Süßer ihre Schüler am nächsten Morgen um sieben Uhr weckte, hüpften Marie und Fatma sofort aus den Betten, rannten ins Bad, spritzten sich Wasser ins Gesicht, kämmten sich, zogen Pulli, Jeans und Turnschuhe an und waren bereit für den Tag.

Nicht so Claudia und Steffi. Die drehten sich in ihren Betten immer wieder um, atmeten tief und schliefen weiter.

Als Fatma und Marie fix und fertig ins Zimmer stürmten und ihre Rucksäcke packen wollten, lagen die beiden wieder in seligem Schlummer. Mit einem Ruck zog Marie ihnen die Decken weg und Fatma packte Claudias Bein und kitzelte sie an den Fußsohlen. Aber Claudia fand das überhaupt nicht lustig und fing an zu schimpfen.

Frau Süßer steckte den Kopf herein und sah schon total genervt aus, obwohl der Tag gerade erst begonnen hatte. »Hört mal, ich brauche eure Hilfe. Ich muss mich um Herrn Binder kümmern, außerdem hat Dominik Halsweh und einen roten Kopf und irgendjemand muss dafür sorgen, dass der Rest der Klasse pünktlich zum Frühstück erscheint. Könntet ihr das übernehmen?«
Steffi und Claudia waren mit einem Schlag hellwach. »Na klar doch«, sagten sie gnädig. »Sie können sich auf uns verlassen, wir schaffen das locker.«
»Was hat denn Herr Binder?«, fragte Marie interessiert.
»Fragt mich lieber nicht«, antwortete Frau Süßer und verschwand.
»Los, komm«, sagte Marie zu Fatma.
»He, ihr könnt doch nicht ohne uns los und die anderen wecken«, protestierte Claudia. »Wartet, wir sind ja gleich fertig!«
Die beiden verzichteten sogar auf den Wassertropfen im Gesicht, so eilig hatten sie es. Sie

stürmten los, rissen die Türen auf, brüllten: »Raus aus den Betten! Warum seid ihr noch nicht fertig, ihr Langschläfer, ihr Faulpelze, ihr Schlaffis, ihr …«

Aber damit kamen sie bei den Zwillingen zu spät. Rastus und Justus waren schon längst fertig angezogen, sie hatten bereits den Kühen einen guten Morgen gewünscht und die Hühner aufgescheucht. Claudia, Steffi, Marie und Fatma kamen den beiden gerade recht.

Das Kreischen, Lachen und Gequietsche trieb alle, auch die allerschlimmsten Muffler, aus den Betten, so dass sie schon wenige Minuten später über den Hof rannten und sich zum letzten Mal über die Brötchen, die rote Wassermarmelade und den Kakao mit Haut hermachten.

»Wisst ihr, was mit Herrn Binder los ist?«, fragte Fatma die Zwillinge.

»Nö. Ist der nicht da?« Rastus schaute harmlos in die Runde.

»Wo der nur bleibt? Immer hat man Ärger mit dem«, fügte Justus hinzu. »Stimmt's?«

Da lachten die anderen los, hauten auf den Tisch und boxten sich in die Rippen.

»Ist was?«, fragte Fatma neugierig. »Habt ihr ihm einen Streich gespielt?«

Theo grinste die Zwillinge an, die grinsten zurück. »Och, ist eigentlich nicht der Rede wert. Wir sind heute Nacht in sein Zimmer geschlichen –«

»Als er geschlafen hat?«, wollte Claudia wissen.

»Na klar!«

»Woher habt ihr gewusst, dass er schlief?«

»Wir haben ganz leise seine Tür aufgemacht und einen Papierflieger auf sein Bett geschossen. Da hat er sich umgedreht, er hat ganz laut geatmet, aber er ist nicht wach geworden. Dann haben wir uns reingeschlichen und –«

Die Jungs brüllten vor Lachen.

»Und dann?«

»Dann haben wir seine Hosen genommen, seine Wanderstiefel und seine Turnschuhe. Die Hosenbeine haben wir so fest verknotet, wie es nur ging, und die Schnürsenkel haben wir auch verknotet –«

»Ja, immer einen Turnschuh, einen Wanderstiefel, einen Turnschuh, einen Wanderstiefel!«, ergänzte Patrick begeistert.

»Dann haben wir alles mit Niespulver bepudert, den Vorhang vor seinem Fenster zurückgezogen – das haben wir alles gemacht und der Mann ist nicht aufgewacht. Junge, von dem könnte ein Siebenschläfer was lernen, ehrlich!«, sagte Rastus anerkennend.

»Und heute Morgen, als es hell wurde, sind wir aufgestanden und rausgegangen, weil wir sehen wollten, was er für ein Gesicht macht, wenn er die Knotenbescherung entdeckt«, sagte Theo.

»Aber in dem Moment ist der Süße über den Hof gelaufen, und als wir den gesehen haben, ist uns eine super Idee in den Kopf geschossen«, erzählte Justus weiter. »Nur konnte natürlich kein Mensch ahnen, dass er so blöd ist und –«

In diesem spannenden Augenblick kam Frau

Süßer. Sie kam allein, sie sah nicht mehr ganz so gestresst aus, sie grinste vor sich hin und meinte: »Waren wir uns zu Hause nicht einig, dass niemand Niespulver mitbringt?«
»Juckpulver, Frau Süßer«, antwortete Theo prompt. »Es handelte sich um Juckpulver. Da bin ich mir ganz sicher.«
»Es stimmt«, bestätigten die anderen begeistert. »Er hat Recht, Frau Süßer, wir haben nur von Juckpulver gesprochen, großes Ehrenwort!«
Frau Süßer winkte ab. »Passiert ist passiert. Theo, zur Strafe bringst du Herrn Binder den Kaffee und zwei Brötchen ans Bett.«
»Ich?«, schrie Theo entsetzt. »Ich soll Diener spielen? Nie im Leben, ehrlich, Frau Süßer, das kann ich nicht. Ich lass die Kaffeetasse fallen und die Brötchen landen bestimmt in der Sch–«
»Halt!«, sagte Frau Süßer schnell. »Klar, du kannst nicht alles alleine tragen. Die Zwillinge werden dir helfen, in Ordnung?«
Sie schaute die drei entschieden an, so dass

ihnen gar nichts anderes übrig blieb, als mit Herrn Binders Frühstück loszuziehen.
Die Mädchen platzten fast vor Neugierde. »Was war denn los? Frau Süßer, erzählen Sie doch endlich, was die angestellt haben! Warum trinkt Herr Binder seinen Kaffee nicht bei uns? Warum ist er in seinem Zimmer? Ist er sauer?«
»Das auch. Sehr sogar«, sagte Frau Süßer und strich Butter auf ihr Brötchen. »Und ich muss gestehen, er hat auch allen Grund dazu.«
»Warum denn? Wollen Sie es uns nicht sagen?«
Frau Süßer hob die Schultern. »Ihr kennt doch den Süßen. Und ihr wisst, dass ich von Anfang an darauf bestand, dass das Tier an die Leine kommt. Aber –«
»Aber Vischers haben's nicht getan«, sagte Fatma. »Und nun?«
»Nun haben wir die Bescherung.«
»Wie sieht die aus? Welches Geschenk liegt unterm Weihnachtsbaum?«, fragte Marie.

Frau Süßer wollte gerade in ihr Brötchen beißen. »Wovon redest du, Marie? Hast du auch Fieber? Du siehst noch ganz gesund aus«, fragte sie alarmiert. »Noch einen Kranken kann ich nicht gebrauchen, zwei sind mehr als genug!«

»Ich bin total in Ordnung«, versicherte Marie. »Ich meine, eine Bescherung besteht doch aus lauter Geschenken und die liegen bei uns an Weihnachten unterm Baum, deshalb.«

»Natürlich! Mir scheint, ich bin heute Morgen ein wenig begriffsstutzig. Aber das ist auch kein Wunder.« Frau Süßer nahm einen Schluck Kaffee, verzog das Gesicht und sagte endlich: »Es war so: Die Zwillinge und Theo sind früh aufgestanden, um zu sehen, wie Herr Binder reagiert, wenn er – ach, da kommen sie ja wieder. Jetzt sollen sie selbst berichten und ich kann endlich etwas essen.«

Mit hängenden Schultern und schuldbewusster Miene setzten sich die Übeltäter auf die Bank.

»Der versteht aber überhaupt keinen Spaß.

Der ist super uncool, ehrlich ...«, sagte Theo düster.

»Und wehleidig ist er auch«, fügte Justus hinzu. »Wenn ich dermaßen wehleidig wäre, also dann würd ich jetzt im Grab liegen und wär schon längst nicht mehr bei euch. Wie kann man nur so wehleidig sein ... Versteh ich nicht. Versteh ich wirklich nicht.« Er schüttelte bekümmert den Kopf.

Jetzt verlor Fatma die Geduld. »Was war los? Was hat er?«

»Seinen großen Zehen hat er angeschlagen, das ist alles. Nur der eine Zeh tut ihm ein bisschen weh und da macht der Mann ein solches Theater! Dieser Weichling, dieses Softei, dieser ... Ich weiß gar nicht, was der noch alles ist!«

»Und warum hat er seinen Zeh angeschlagen?«, forschte Fatma weiter.

»Nur weil ihn der Süße geweckt hat! Der hat ihn ein bisschen angeschnobert und Spucke auf ihn heruntertropfen lassen. Herr Binder ist vor Schreck aus dem Bett gesprungen und

zur Tür gerannt. Dabei ist er über die Schuhe und so gestolpert, bis ihn der Türrahmen gestoppt hat. Seitdem tut ihm der große Zeh weh«, sagte Theo.
»Aber wenn er im Bett geblieben wäre und die Decke über die Ohren gezogen hätte, wäre ihm nichts passiert. Überhaupt nichts wäre ihm da passiert. Dann wäre der Süße wieder abgezogen, er hätte vielleicht ein bisschen niesen müssen, aber das wäre alles gewesen.«
Rastus blies angewidert die Haut vom Kakao.
»Wie ist der Süße in Herrn Binders Zimmer gekommen?«, fragte Marie.
»Durch die Tür, ist doch klar. Fliegen kann der nicht. Für einen Kanarienvogel ist der ein bisschen zu groß.« Theo schaute Marie mit großen Augen an.
»Und wer hat die Tür aufgemacht?« Fatma wollte alles ganz genau wissen. »Das seid ihr gewesen, stimmt's?«
Theo kratzte sich unbehaglich hinterm Ohr. »So könnte man's nennen. Ich meine, die Gelegenheit war einfach zu günstig.«

»Jedenfalls kann Herr Binder nur noch humpeln, Dominik hat eine saftige Erkältung, und wenn wir uns jetzt nicht beeilen, fährt der Bus ohne uns ab. Wir haben noch nichts gepackt, wir müssen die Betten abziehen und die Zimmer ausfegen. Los, ran an die Arbeit! In einer halben Stunde müssen wir fertig sein!« Frau Süßer machte ordentlich Druck. »Rastus, Justus und Theo, ihr müsst euch besonders beeilen, ihr müsst Herrn Binder helfen. Und wer kümmert sich um Dominik?«

Fatma seufzte. »Das muss wohl ich tun ...«

Als der Busfahrer hupte, waren sie noch längst nicht fertig.

Sie warfen ihr Gepäck ins Fahrzeug, rasten zurück ins Haus, wirbelten mit den Besen den Staub durcheinander, erklärten, nun seien die Zimmer sauber, verabschiedeten sich mit knapper Höflichkeit von Vischers-mit-V und ihrem Süßen und machten es sich dann im Bus bequem.

Dominik, dessen Kopf tatsächlich ziemlich rot war, der Halsweh, Husten und eine tropfende Nase hatte, bekam eine Bank für sich alleine, um sich hinlegen zu können. Das fand er aber viel zu langweilig. Bereits nach wenigen Kilometern hatte er seine Erkältung vergessen und saß zwischen den anderen auf dem Rücksitz.

Nur Herr Binder vergaß nichts. Er vergaß weder seinen angeschlagenen Zeh noch die Knoten in den Schnürsenkeln, noch die völlig verknitterten Hosenbeine. Dass ihn der Süße geweckt und vollgesabbert hatte, war das Allerschlimmste. Muffig saß er da und zeigte deutlich seine schlechte Laune.

Theo versuchte ihn aufzuheitern. »Herr Binder«, fragte er sehr höflich, »wissen Sie, weshalb die Ostfriesen immer sonntags sterben? Sie wissen das nicht? Dann sag ich's ihnen: Sie binden ihre Krawatten zu eng.«

Herr Binder schaute Theo flüchtig an, dann bewunderte er wieder die Aussicht.

Theo seufzte und startete einen zweiten Versuch. »Wissen Sie, warum die Ostfriesen immer eine Beule am Hinterkopf haben? Ganz

einfach, weil ihnen beim Wassertrinken der Klodeckel auf den Kopf fällt.«
Das war zu viel für Herrn Binder. »Verschon mich mit deinen blöden Witzen!«, fuhr er ihn an.
Beleidigt suchte Theo einen anderen Platz. »Der versteht wirklich keinen Spaß. Wenn man keinen Spaß versteht, hat man's schwer im Leben. Und helfen kann man ihm auch nicht, schließlich können wir nicht Geld sammeln und ihm dafür im Supermarkt ein Päckchen Spaß kaufen, stimmt's?«
Die andern stimmten ihm zu.
»Den kann man nur in Ruhe lassen«, stellte Marie fest.
Zum Glück war auf der Autobahn kein Stau, niemand hatte etwas vergessen, also musste man auch nicht noch mal umkehren, und weil alle ein wenig müde waren, ging es im Bus verhältnismäßig friedlich zu.
Kurz vor der Mittagszeit kamen sie vor der Schule an. Sämtliche Mütter warteten mit sehnsüchtigen Blicken auf ihre Kinder.

Rot ist die Liebe

Es dauerte nicht mehr lange, dann war er da: Frau Süßers letzter Tag in ihrer Klasse fünf.

Es hätte ein echter Montag sein können, aber es war ein Freitag und noch nicht einmal ein Dreizehnter. Um ja keine Langeweile aufkommen zu lassen, hatte sie Spiele vorbereitet, doch ihre Planung wurde von der Klasse völlig über den Haufen geworfen.

Vor der geschlossenen Tür des Klassenzimmers standen Marie und Fatma. »Sie können jetzt noch nicht rein«, sagten sie wichtig.

»Macht ihr Unfug?«, fragte Frau Süßer.

»Wir bereiten eine Überraschung für Sie vor«, antworteten sie entrüstet. »Sie müssen nochmals ins Lehrerzimmer, wir holen Sie dann, wenn wir fertig sind.«

»Ich warte hier«, meinte sie nach kurzem Zögern.

»Warum? Hören Sie etwas? Wir sind doch ganz leise!«

»Eben. Das ist es ja, was mich beunruhigt«, meinte Frau Süßer und lehnte sich entschlossen an die Wand neben der Tür.

»Und Sie kommen ganz bestimmt nicht herein?«, vergewisserte sich Fatma.

»Nur bei Mord und Totschlag«, antwortete Frau Süßer.

Die beiden Mädchen nickten, öffneten die Tür einen winzigen Spalt und verschwanden im Klassenzimmer.

Nach einer Weile wurde die Tür langsam und feierlich wieder geöffnet.

Die Vorhänge waren zugezogen. Mitten auf dem Lehrertisch brannte eine Kerze. Drum herum lagen viele Geschenke: selbst gemalte Bilder, ein schwarzes Samtband für die Haare, ein Freundschaftsbändchen für das Handgelenk, ein Ring aus einem Kaugummiautomaten, ein kleines Notizbuch mit einem Blondinenwitz vorne drauf, ein Foto der Zwillinge samt einem Schaschlikspieß, ein Kränzchen aus Salzteig und ein Napfkuchen. Den hatte Dominiks Mutter gebacken.

»Das gehört alles Ihnen«, sagte Theo. »Gefallen Ihnen unsere Geschenke?«

Frau Süßer sagte nichts. Sie nickte.

»Und die sind von der ganzen Klasse«, sagte Claudia und drückte ihr fünf dunkelrote, langstielige Rosen in die Hand. »Es sind fünf, weil wir doch die Klasse fünf sind. Das Geld dafür haben wir gesammelt; das war 'ne Menge Arbeit, weil der Theo es immer wieder vergessen hat, und der ...«

»Halt den Mund«, sagte Theo. »Du alte Klatschmaschine!«

Frau Süßer räusperte sich, sie räusperte sich ein zweites Mal, schließlich sagte sie leise: »Ich habe aber gar kein Geschenk für euch ...«

»Macht nichts«, rief Theo. »Ich meine, Sie können ja alle Augen zudrücken und uns besonders gute Noten geben, dann sind wir echt zufrieden, stimmt's?«

Frau Süßer strich ihm durch die Haare.
Nachdem sie jedes einzelne Geschenk genau angeschaut, bewundert und sich bedankt hatte, spielten sie Spiele, neue und solche, die sie schon im Schullandheim gespielt hatten, und plötzlich hörten sie die Klingel – Frau Süßers letzter Tag in der Klasse fünf war um, und weil die meisten den Bus erreichen mussten, konnte es keinen langen Abschied geben.
Nur Justus rannte noch einmal zurück.
»Wissen Sie eigentlich, wer die Blumen gekauft hat?«, fragte er atemlos. »Das war ich. Und wissen Sie, warum ich solche in Rot genommen habe? Ich meine, es gibt ja auch solche in Gelb oder Rosa und gestreifte gibt's auch. Wissen Sie's?«
Frau Süßer schüttelte den Kopf.
»Weil«, sagte Justus leise, »Rot ist die Liebe.«

4 mm 4 mm Abstand zwischen buchkörper und Biblio 4 mm